一流のクリエイターは世界をどう見ているのか

観察力を高める

佐渡島庸平

SB Creative

※本書は２０２１年９月に小社より刊行された『観察力の鍛え方 一流のクリエイターは世界をどう見ているのか』（ＳＢ新書）を加筆・改筆・再編集したものです。

はじめに

書店に行くと自己啓発本がたくさん並んでいる。この本もおそらくその棚に並ぶのだろう。

僕もそのような本をたくさん読んでいた。家には、どんどん読めていない本が溜まっていった。論理的思考力、仮説力、プレゼン力、要約力、言語化力、デザイン思考力。それらを読まなくてはいけない！　と焦りばかりが増えていく。

マンガ家も、たくさんの能力を必要とされる。ストーリー構築力、画力だけでなく、スケジュール管理の能力だったり、アシスタントを組織する力だったり。

そんなにたくさんの能力を身につけようと思うと、いくら時間があっても足りない。自分が努力をせずに、怠けているような気がしてしまう。それで新人マンガ家には、たくさんのことを言うのをやめた。観察力を鍛えよう。そうしたら、自然と他のこともできるようになるから。

そのことは、別にマンガ家だけでなく、全ての職業に当てはまる。料理人にも、スポーツ選手にも、そして全てのビジネスパーソンにも。

どうしても結果が欲しいと、結果に近いところばかりに目がいってしまう。どれだけ大きな河も、上流では細い流れであるように、派手に見える結果も、地味な努力の積み重ねによるものだ。

成功談の具体例をたくさん聞いても、気持ちは高ぶるが、実際はそんなに役立たない。ドミノの一枚目は、観察力だと僕は思ってる。

車を運転している時に、ハンドルをきってるつもりはなくても、見ている方に寄っていってしまう。ダイエットをしたい時に、毎日、食事を意識するよりも、毎日、体重計に乗り続けて、体重を見るだけで効果があったりする。見ることで、人の行動は変わる。

僕たちは、目の前にあっても、見られていない。バイアスが見るという単純なことの邪魔をする。

観察力を鍛えるとは、バイアスに気づいて、バイアスを外して見直すことである。観察力があるとは、細かいことに気づく能力ではなく、バイアスを外して、まっさらな目で見る力である。

ロールプレイングゲームのように、観察力という能力の数値が溜まって、高まっていくわけではない。何かを見られるようになると、そのたびにバイアスが生まれる。そのバイアスを見つけ、見つめ直す。その愚直な繰り返しをすることで、最終的には、様々な能力が鍛えられていく。

僕は、新卒で入社した出版社で『ドラゴン桜』(三田紀房)、『宇宙兄弟』(小山宙哉)、『モダンタイムス』(伊坂幸太郎)、『空白を満たしなさい』(平野啓一郎)などの作品に、編集者として関わってきた。クリエイターのエージェント会社・コルクを創業してからは、新人クリエイターを発掘し、育成することに注力している。

『観察力の鍛え方』(2021年、SBクリエイティブ)という本を以前、出版した。今回、別の編集者が、もっとビジネスパーソンに読まれるようにこの本を出し直したいと提案してくれた。文庫にすることはあれども、単行本にし直すことは珍しい。

出版から3年経ち、僕の思考が変化した部分もある。よりビジネスパーソンに向けて、1万字ほど加筆をした。

思考は頭の中でするが、頭の中でされている思考を観察することは難しい。本を書くということは、思考というプライベートなものを、言葉というパブリックなものに置き換えて、観察するという行為だと考えている。本を書くこと自体が、僕にとっては、自分の思考の観察なのである。

自分の見たいものだけを見ていて、自分のことも、目の前にあることも、なんと見られていないのだろうと、日々、感じさせられることばかりだ。世界が退屈だとしたら、世界のせいではなく、観察できていない自分のせいである、と僕は考えている。退屈だと感じるたびに、自分の観察力のなさ、違うものを同じだと感じてしまう自分のバイアスに想いを馳せている。

前回の本を読んでくれた方も、新たに本書から読み始めてくださる方も、観察力を鍛えることを楽しんでもらえたらと思う。

観察力を鍛える旅とは、この世界を味わい尽くそうとする旅でもある。

目次　『観察力を高める　一流のクリエイターは世界をどう見ているのか』

第1章　観察力とは何か？
――全てのスキルの基礎となる力

第2章 どうしたら観察力を高めることができるのか？

——「仮説」起点の観察サイクル

第3章

なぜ観察力が低いのか？
——認知バイアスを武器に変える方法

第4章 見えないものはどう観察するのか？

――感情と関係性の解像度の高め方

第5章 観察力を高め続けるために

――正解を手放す「アンラーン」のすすめ

第1章

観察力とは何か？

——全てのスキルの基礎となる力

「観察力」こそがドミノの一枚目

時間は有限で、習得できることは限られている。何を習得すると、長期間、広範囲に影響を及ぼすのか。ドミノの一枚目になるものは、何か。一番、応用がきく能力を鍛えたい。

『ドラゴン桜』という僕が編集した受験マンガの中では、東大合格のためのドミノの一枚目は、計算力と読解力といった基礎学力だ、と主張した。

経営や創作に役立つ能力とは何かを考えたときに、僕が直感的に思ったのが「観察力」だ。

観察力を鍛えると必然的に他の能力も鍛えられる。しかし、他の能力を鍛えることを意識していても、観察力の成長はゆっくりだろう。

観察力こそが、ドミノの一枚目だ、と。

しかし、観察力を鍛えるときに、具体的に何から始めればいいかがわからない。

思索を開始するときに僕がまず行うのは、辞書をひく、だ。字義を調べる。観察という言葉の意味を紐解くところから始める。言葉に潜む言霊を知ろうとする感じだ。「みる」という行為は、合計で18もの漢字が存在するという。

見・眄・看・視・診・督・察・睹・監・覧・瞥・瞰・覯・矚・観・瞿・瞻・覿

よく使うものでも「見る」「観る」「視る」「診る」「看る」「覧る」と6つくらいある。「察」という漢字と組み合わせると「視察」「診察」という熟語になる。「視察力」や「診察力」は鍛えても、応用可能な能力にならなさそうだ。やはり「観察力」に注目するのは良さそうである。

言葉の中に潜む言霊のようなものを探り、抽象概念を理解しようとするアプローチから「観察」についての思索は始まった。

辞書によると、

観察：物事の状態や変化を客観的に注意深くみて、組織的に把握すること

とある。「客観的に」「注意深く」というのが、観察を特徴づけているように思う。そして、「組織的に把握する」というのも重要だろう。

もしも、「客観的」を「主観的」に入れ替えたら、「観察」ではなく、どんな言葉になるのか？　「感想」だろうか。

もしも、「注意深く」を「全体的に」に入れ替えたら、「視察」になるだろうか。

であれば、観察力とは、「客観的になり、注意深く観る技術」と、そして得たことを、「組織的に把握する技術」の組み合わせと言えるかもしれない。分けることによって、理解が進む。「客観的になり、注意深く観る技術」「組織的に把握する技術」のそれぞれであれば、鍛え方が見つかりそうだ。

本書は、「客観的になり、注意深く観る技術」のほうに重点を置いている。「組織的に把握する技術」はもっと分けて思考する必要を感じていて、この本を書きながら明らかにしたいと思ったが、まだそこに到達できていない。

もう一つ、僕が観察について考えるためにしていたことがある。

マンガ家、羽賀翔一の観察だ。

「観察」を理解するために、羽賀翔一の成長を「観察」していた。

一般的に、マンガ家と編集者は、多くて週に一、二回、月に数回コミュニケーションをとる関係だ。ネームと呼ばれる下書きや原稿を間に挟み、それを共通の話題として打ち合わせをする。

コルクを創業するときに、新人マンガ家の羽賀翔一と一緒にやっていくことを決めていた。彼の成長をサポートする。生活できるように固定給にして、コルクに毎日、出勤してもらうことにした。

だから、彼の変化を毎日のように観察し、クリエイターに必要なことは何か、という仮説をたくさん立てることができた。

僕は、羽賀翔一の観察力を伸ばしたのは、1日1ページマンガを描くというお題の力だと直感的に思っている。

次ページのマンガは『インチキ君』という作品だ。羽賀翔一のデビューのきっかけになった。まじめな少年につけられたあだ名がきっかけで、少年をとりまく空気は180度、変わった。インチキなんてしていないのに、インチキ呼ばわりされるインチキ君。このようなマンガを描いているところから、羽賀翔一と僕の挑戦は始まった。

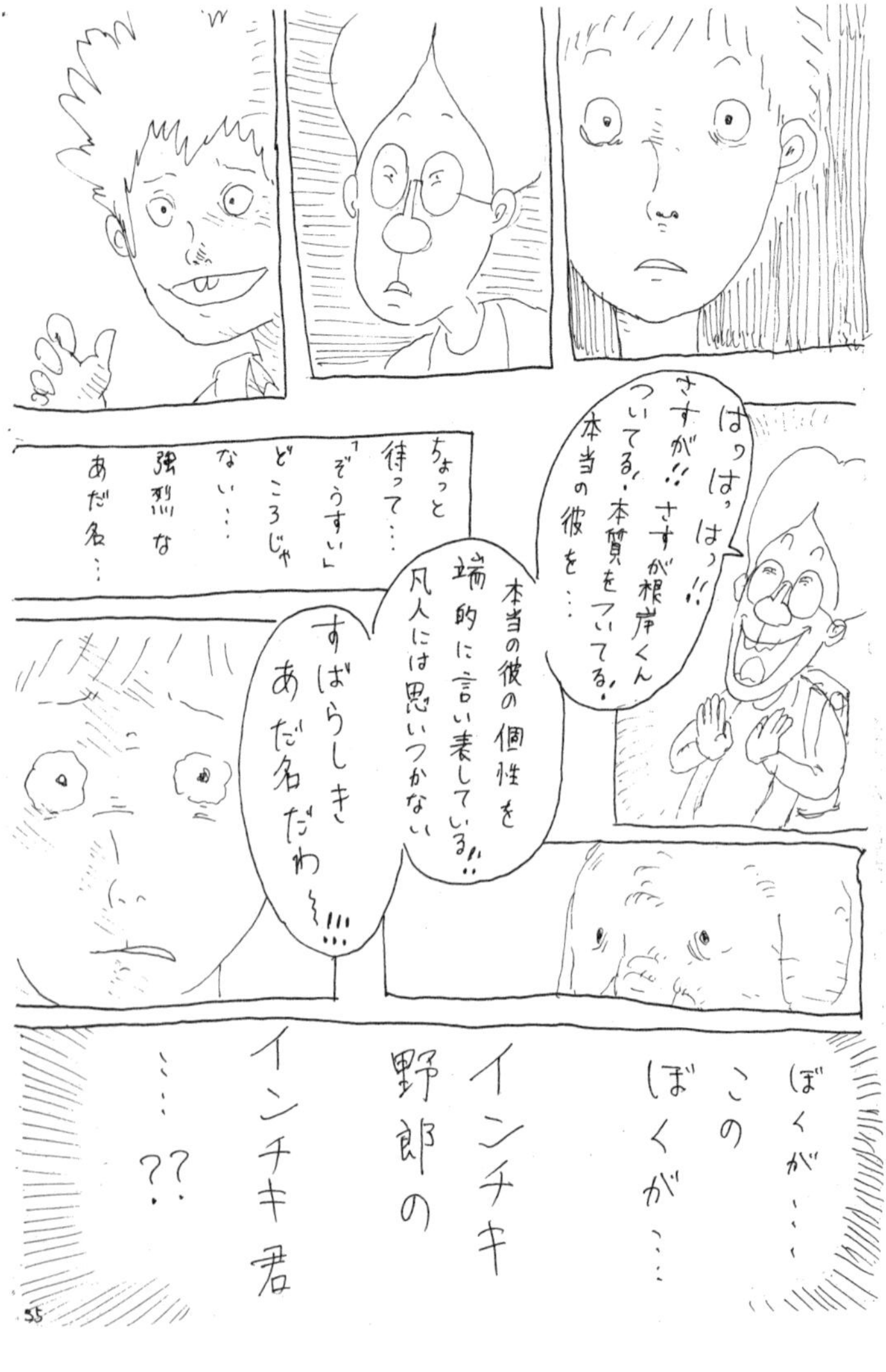
はっはっ!! さすが!! さすが根岸くん ついてる、本質をついてる。本当の彼を…

ちょっと待って… 「ぞうすい」どころじゃない… 強烈なあだ名…

本当の彼の個性を端的に言い表している!! 凡人には思いつかない
すばらしきあだ名だわ~!!!

ぼくが… このぼくが… インチキ野郎のインチキ君…??

55

お世辞にも彼の当時の絵は上手いとは言えないだろう。しかし、表情の描き方を見て、マンガ家に必要な観察力はずば抜けていて、鍛えれば変わると思った。観察力を上げつつ、観察する対象を変える必要があると思った。

そして彼の観察力を上げたくて、僕は1日1ページ、コルクの社員を観察してマンガを描くように、というお題だけを彼に渡した。それは『今日のコルク』という電子書籍にまとまっている。次ページに掲載する。画力を見比べてみてほしい。


その後、紆余曲折があり、羽賀翔一は『漫画　君たちはどう生きるか』というメガヒットを生み出す。今の彼の課題は、その観察力で把握したものを、どうやって世間が興奮するペースでアウトプットし続けるかに変わった。

観察力の鍛えられた作家に、良いお題を渡すと自走し始める。

「半径5メートル以内の出来事を毎日1ページマンガにする」

そんな簡単なお題が、日本を代表する作品を生み出すのに必要な観察力を鍛えられるのだとしたら、それはなぜか。羽賀翔一の観察力の成長を解明することが、観察力の鍛え方に再現性をもたせるきっかけになる。

今日のコルク
柿内さんが考える
「あんまん……に準ずるもの」
豆大福？
たい焼き？
まんじゅう？
一体それは
何なのか…
#84
作 羽賀翔一
今日…社内でクイズっぽくなったが…
みんな…
あんこにとらわれすぎている…
……え？
……
あんまんは…
コンビニのレジ横に置かれている…
そのコーナーの中で…
あんまんに次ぐものといえば…
？
ファミチキだよ…
ええ!?
正解でるわけない…!!

僕はこの本の執筆も兼ねて、2年近く、観察とは何かを考え続けていた。
そして、今、観察に対する僕なりの仮説が見つかった。
まず先に、僕がたどり着いている暫定解を共有する。

いい観察は、ある主体が、物事に対して仮説をもちながら、客観的に物事を観て、仮説とその物事の状態のズレに気づき、仮説の更新を促す。
一方、悪い観察は、仮説と物事の状態に差がないと感じ、わかった状態になり、仮説の更新が止まる。

観察は、問いと仮説の無限ループを生み出すもので、その無限ループ自体が楽しいものであるため、マンガをはじめとする様々な創作の源になりえる。「観測」は、観測自体が目的になるが、「観察」は自分で見つけてしまったがゆえに解きたくなる「問い」とセットでモチベーションになりえるのだ。

羽賀翔一をはじめとするコルクがサポートするマンガ家たちと合宿をしたときの振

り返りを羽賀翔一がマンガにした。偶然、この本で伝えたいことと一致していて、僕と羽賀翔一の思考が呼応していたので、ここにマンガを掲載する。登場人物の柿内さんはコルクの元社員で羽賀さんの担当だった。

「観察の目」

羽賀翔一

むかしむかし
あるところに
一人の
売れない
マンガ家が
いた・・・
いつも
チャック
しめ忘れてる
羽賀
もっと観察を
しろおおお!!
今日のコルク描けええ!!
ビ
サド
カ
ある悪魔によって
男は「目」にさせられてしまう・・・
目はただ
漫然と世界を
みることしかしなかった
そうしてろくに
マンガも描けず
長大な時間が流れた
・・・

このまま ただの「目」として…
マンガ家になれず死んでいくのか…
そんな ある日の こと だった…
TAXI
目に変化がおとずれた
ブ
…
いま柿内さん… タクシーに乗りこむとき
ころがった…よな?
ちら
…
ブーン…
でも… もしかして…

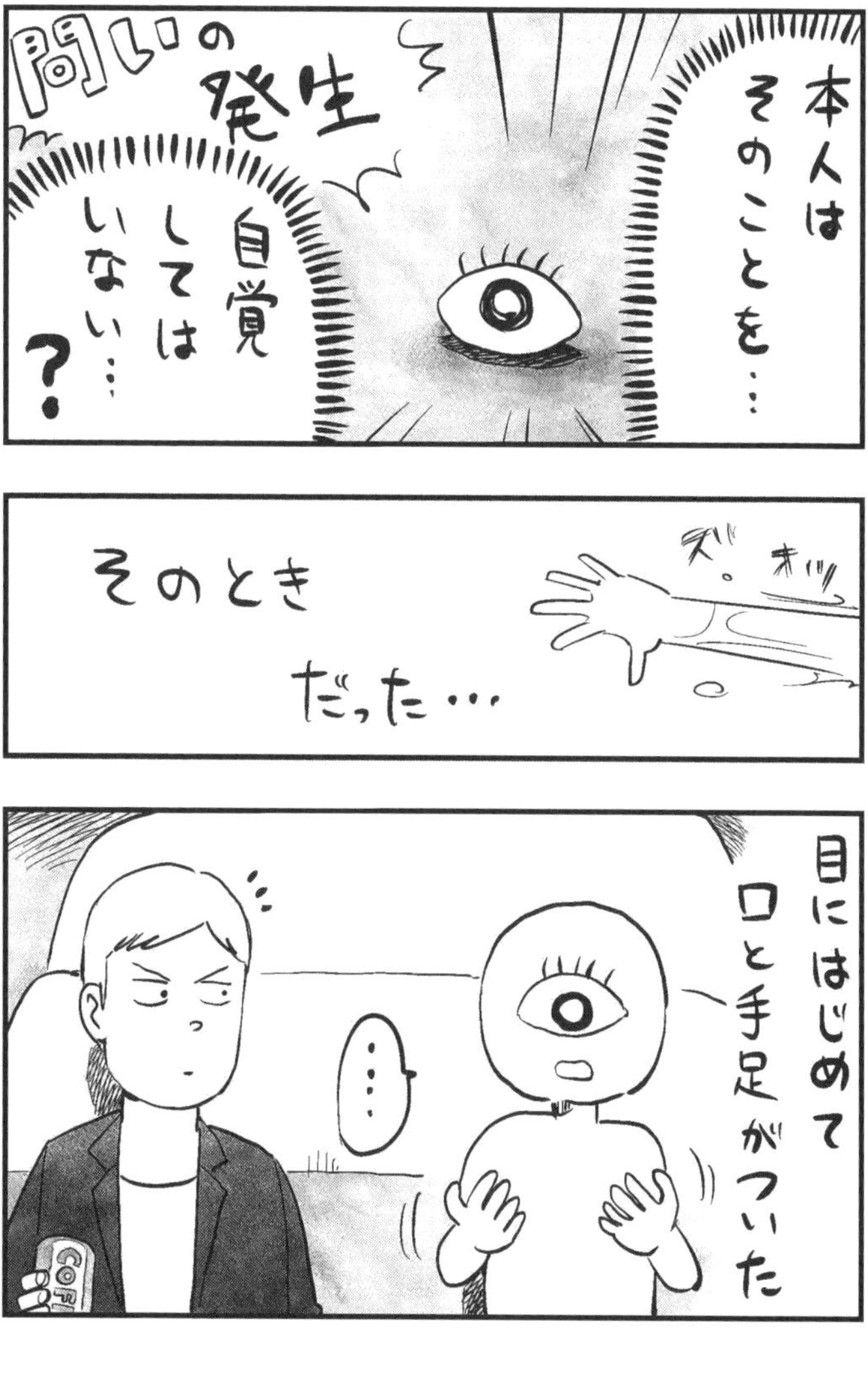
本人はそのことを…
自覚してはいない…
問いの発生
?
ズボッ
そのとき
だった…
目にはじめて口と手足がついた
…

柿内さん…いまなんでころがったんですか…？
？
え？ ころがって なんか いませんよ
……
わっ!!
やっぱり そうだ！
発見!!
spark!
もしかして…毎回 そうなんだろうか…
問い
の
連続
あ…またタクシーに…
僕も 同乗する ぞ…!!
タタッ
それから 「目」は…

仮説を抱えて
走りまわるようになった・・・
うわっ やっぱりいつもやってる!!
ごろ
ごろ
ごろ
ごろ
タクシー以外でも柿内さんらしい言動があるはずだ!!
仮説ビーーム!!
発見シャワー
あんまんに準ずるものはファミチキだよ・・・
この応酬を
マンガにしていくと・・・

「目」ははじめて
興奮！
ワク
ワク
「観察」ができるようになったのだ・・
羽賀くんが描くカッキーって（柿内さん）
カッキー本人より似てるよね
!!
自己了解の深まり…！
それって生きてるキャラを描けてるってことか……
僕はマンガでそんなことができるのか…!!

観察力が高まれば仕事はもちろん、人生が豊かになる

観察力こそがドミノの一枚目だと考えているのは、それが一番応用がきく能力であるからだと先に述べた。だからこそ、観察力を鍛えることが仕事の成功はもちろん、人生そのものを豊かにすると、僕は考えている。というよりも正確には、人生を豊かにしたいから僕は観察力を鍛えている。こちらのほうが、感覚的に近いと言える。

たとえば、日本には雨に関する言葉が400種類以上あると言われている。春雨、五月雨、梅雨、秋雨などである。パラパラ、ショボショボ、ポツポツ、シトシト、ザーザーなど、雨が降っている様子を表す言葉も含めると、その数はさらに増える。

でもこの400種類の言葉、果たして日本人全員が知っているかというと、そうではない。雨がよく降る地域で暮らす人たちのほうが、雨があまり降らない地域の人たちよりも知っていることだろうし、雨に対して興味をもっている人のほうが興味のない人よりも知っている。

同じことが他の要素でもいえる。たとえば、雪。雪がよく降る地方の人たちは、雪

に関する多くの種類の言葉を持っていると言われている。北極圏に住むエスキモーは、日本語にはないような言葉を含め、雪を表現する言葉が数多くある。

で、ここから本題である。雨や雪に関するような言葉を多く知っている人。逆にあまり知らない人。それぞれの人が観光地などに行き、自然豊かな環境に対峙した場合、どのような印象や感覚をもつのか。

自然に対する言葉を多く持っている人のほうが、圧倒的に深い面白みを感じることだろう。一方で、目の前の自然に興味や面白みをもてなかった人は、自分がなぜそのような感情になっているのか、気づいていないことも多い。

なぜか。ひとつには、雨といったらザーザー降るもの。雪といったら、白くてサラサラなものといった具合に、自分の中で目の前の対象物をこうだ、と決めつけてしまっているからだ。いわゆる「バイアス」である。低い解像度で世界を見て、判断してしまっている。

世界を見て、面白くないと感じる時は、対象に問題があるのではない。自分が観察をやめて、観察をする前から、既存の知識で判断してしまって、毎回同じ結論に達してしまっているというサインだ。

仕事、ビジネスシーンでも同様だ。僕は日々、作家と打ち合わせしているわけだが、以前の僕は作家の心境を「売れっ子になりたい」「ヒット作を打ち出したい」と限定していた。まさに思い込み、確証バイアスである（バイアスについては詳しく第3章で取り上げる）。

だが、観察力を高める旅を続けていることで、実はこのような心境の作家ばかりではない、ということに気づくようになった。たとえば、新人の作家だったら売れる・売れない以前に、自分はこれから本当に、作家としてご飯を食べていくことができるのか。

そのような思考にとらわれていて、どうやったらヒットするのかを考える余裕がまだない作家もいることに気づいたからだ。さらに今となっては、もっと別の理由でクリエイティブな仕事に従事している人がいることも、実感をもって理解できるようになった。

このように観察力が高まったことで、作家とのコミュニケーションも変わっていった。以前は、ヒット作となるための足りないポイントを的確に伝えられるよう努力していた。ダメ出しをする機会が多かった。しかし今は、違う方法を模索している。新人作家が自然と夢中になれる余白のあるお題をどう見つけて、提示するかを考えている。

コミュニケーション力を高めることで、相手と協力しやすい環境も生みたいと思っている。コミュニケーションやビジネスにおける交渉というのは、自分の意見を相手に理解してもらったり、取り入れてもらったりすることではなく、相手と自分の位置を理解し、その中間地点を探すことなのだ。その実現のためには、自分の意見を磨くだけでなく、観察力を高める必要がある。

もうひとつ、知り合いの料理人から興味深いエピソードを聞いたので紹介したい。その料理人はミシュランガイドで星を取ったりする。美食家だろうから、何を口に入れるかをこだわっているかとてっきり思ったら、定期的にマクドナルドのようないわゆるファストフードチェーンにも足を運び、世間一般の多くの人が好む味をチェックしていると言う。

マックだけではない。世の中にどのような味があるのか。世間からどう評価されているのかを、日々リサーチしているとも言う。

もちろん、自分が作る料理にそのまま活かすわけではないし、美味しいと感じるかどうかは別の話だ。大切なことは、自分とは違う立場のものも積極的に試してみる。このような姿勢だと僕は考えている。

このような姿勢や思考は、あらゆる仕事や人とのコミュニケーションにおいて重要である。毎日の仕事を楽しく過ごすためにも、視野を広げることは必要なことだと思う。

たとえば日々、企画を出すような仕事に就いている人。僕からは、多くの人が同じような領域や似たような切り口でアイディアを出しているように感じる。評価する側も同じく似たような、限られた土俵の中で、いかに多くの気づきポイントを出せるかを、評価基準としている。

しかし、本当の意味でのクリエイティブとは、まさに先のマックの話が良い例だが、同じ土俵にいる人、いってみればライバルが考えもしない切り口で考えてみたり、アプローチをしたりすることで、解像度を高めていくことだ。そしてそのような切り口の変化、視座の移り変わりのために必要なスキルが、まさに観察力である。

1つの考え方や視点に縛られ、そこだけを軸にあれこれと考えるのではなく、まったく異なる視点で考えてみる。このような姿勢や考え方こそが、ビジネスパーソンにとって求められている、最強のビジネススキルだと僕は考えている。

観察力を高めるためには「身体感覚」を磨く

このように、観察力を高めるために視座、視点を増やすことは重要だが、ある程度の状態になると、また再び、特定の視座に偏ったジャッジをしてしまう。いわゆる頭でっかち、確証バイアス的な判断である。

そのため、視点は常に更新し続ける必要があるし、改めてゼロベースで目の前の事象をとらえてみる。そのような機会を設けることも大事だ。これまでの考えや環境を手放してみるのだ。

僕が東京から福岡に移り住んだのも、実はこのような思いがあったからでもある。大きく環境を変えるだけでなく、身近なことにも意識が向かい出していて、観察力を高めるためにここ数年、実践していることがある。

それは、「身体感覚」を磨くことだ。自分の身体感覚を変えると、同じ環境も変わる。

僕たちは普段、特に昼間、仕事をしている状況では脳という身体のセンサーを活用している場合が多い。たとえば、若い頃の僕はたくさんの本を読み、その内容を頭で考え、仮説を立て、言葉としてアウトプットしてきた。

でも年齢を重ねるにつれ、言葉には限界があると感じるようになった。そこで、肌感覚など身体感覚を研ぎ澄ますことで、観察力を高めていこうと考えるようになった。

脳よりもセンサーとしては遥かに繊細な皮膚からの情報などは、遮断していて過ごしているケースが大半である。これを、もっと繊細にしようと取り組んでいる。

この3年間の変化のひとつでもあるが、僕は靴自体を5本指タイプに替えた。5本指靴下は愛用している人もいるが、靴自体だ。履き始めた当初はそれぞれの指がまったく自由に動かず、スムーズに履くことすら困難であった。

しかし今では普通に履けるようになったし、まさに皮膚のセンサーの感度が高まったと感じている。芝生の上を歩いている際の気持ちよさは、一般的な靴のそれとまったく異なるし、足裏に重心をどのようにかけると身体がうまく使えるのか、前よりはわかるようになった。

ヨガにも取り組むようになった。姿勢や身体の使い方を改めようと、背骨や腰椎の構造や骨格などを学び、それぞれがどのように動いているのか、どんな役割を持っているのか。さらには、呼吸の状態はどうなっているのか。トータルな身体の調子はどうなのか、など。現在の自分の身体の状態を観察し、把握できるようにもなった。

着実に、身体のセンサーが鋭くなっている感覚がある。そして身体感覚が鋭くなったのは、福岡は東京と比べると自然が豊かで、特に休日などはのんびりと過ごせることが多いことも一因ではあるとも感じている。

いわゆる霊感スポットに行くと、何だか嫌な感じがしたり、寒気を覚えることがあったりする。第六感であるが、それは言語化できていない身体感覚のことだと思う。このような人が本来持つ身体感覚やセンサーを高めることが、自分自身の経験も含めて、観察力を高めることにも大きく影響していると、最近の僕は考えるようになっている。

繰り返しになるが、どうしても僕らのような大人は、脳で考え、考えた思考を言葉で表現しがちだ。言語を習得する前の子どもは、頭ではなく、身体が感じたままのことを、身体全てを使って表現しようとする。どうやって、言語を使いながら、言語以前の感覚になるのかを考えている。

観察を阻むものから考える

社会に出る前、僕は成功するために必要なのは、ホームランを打つことだと思っていた。どうすれば120％の力を出せるか。ヒット作を出すのには、特別な何かが必要だし、コルクが成功するには、新しいビジネスモデルを思いつく必要がある、と。

今は、まったく逆の考え方をしている。

どうやったら、「普通」でいられるか。

「普通」の状態を保つことができれば、特別なことを運良く成し遂げることもある。「普通」でい続けるのが、一番難しい。当たり前のことを当たり前にやり続けることの難しさを日々、感じている。

「観察」をめぐる思索にも、ホームランはいらない。「普通」の思索を繰り返していくことで、たどり着くことができる。

観察をめぐる僕の思索、最初のアプローチは、言葉の意味を考え、語源を調べ、他の言葉との差を考えることだった。

その次に僕がするのは、「悪いことを考える」ということだ。

悪いことを避けられれば、普通でいられる。120%の力を目指すよりも、ずっと実現しやすい。「どうすれば、いい観察ができるのか」にこだわりすぎない。そこで導いた考えなど、絵に描いた餅にすぎないからだ。

では、どうすれば、悪い観察になるのか。

ここで観察を阻むものについて考えてみたい。何が観察を阻み、観察できない状態にさせてしまうのか。悪い観察を避けることができれば、いつか運良くいい観察ができる。最悪を避け続けてさえいれば、生き延びることができるのだ。そして、それが全てだ。継続していたら、次の機会がある。『ドラゴン桜2』の中で桜木は、「頑張らない。頑張ってはいけない」と主張するが、その思考法を僕も実践するようにしている。

観察を阻むもの1 認知バイアス

ここからは観察を阻む、3つの要因を紹介する。この3つを避けられれば、悪い観察に陥ることはない。

『ドラゴン桜2』（1巻7限目）

「観察を阻むもの」というと、外部からの要因を思い浮かべるかもしれない。だが、観察を阻むもののほとんど全ては、自分の中にある、と僕は考えている。

アインシュタインの有名な言葉に「常識とは、あなたが18歳までに身につけた偏見の塊である」というものがある。まさに、「常識・偏見」が、観察を阻むものの代表だ。

僕たちは、目で観察しているのではない。脳で観察している。脳の中で何を見ようか先に決めていて、脳が見たいものを追認するような形で見ているだけだ。最近の脳科学では、視覚情報は認知のために10％ほどしか使われていないという研究もあるらしい。

「言葉・概念」という思考に必要なものも、観察を促進する道具であると同時に、阻むものであると僕は考えている。

常識・偏見・言葉・概念……これらは全て、脳の認知に関与している。こうした、認知の歪みは、障害にも武器にもなりえる。

認知によって、見え方が変わってしまって、元に戻すのが難しいことの例として、よく「婦人と老女の絵」があがる。

この例はわかりやすいが、日常生活の様々な場面で、認知が観察の邪魔をしている例はたくさんある。

探し物をしているとき、近くにあるのに全然見つからないという経験は誰にでもある。これも、「ここにはない」という既存の情報が、観察を邪魔してしまう。

「虹」という現象を見ても、日本と東南アジアでは、見え方が変わる。それは色を表す言葉の数に違いがあるからだ。日本は7色を見出すが、インドネシアの人は4色、台湾は3色に見えるそうだ。知識で自然を観察している。

一枚の絵で若い女性と年老いた女性の二通りに見える

認知は、抽象概念にも影響を及ぼす。

平野啓一郎の小説『マチネの終わりに』にこんな一説がある。

「人は、変えられるのは未来だけだと思い込んでる。だけど、実際は、未来は常に過去を変えてるんです。変えられるとも言えるし、変わってしまうとも言える。過去は、それくらい繊細で、感じやすいものじゃないですか？」

平野啓一郎『マチネの終わりに』

未来によって、新しい情報が加わり、認知が変わると、過去の意味が変わってしまう。過去とは、変更できない事実の積み重ねではなく、現在から観察され、意味が更新され続けるものなのだ。

「認知」を辞書でひくとこうある。

認知：心理学用語で、人間が外界にある対象を知覚した上で、それが何であるかを判断したり、解釈したりする過程

限りなく「観察」と似ている。「意識」と同義、という説明もある。ここで、認知を「意識」と置き換えたほうがイメージしやすい人は、意識でもいい。

観察は、脳の中にある認知（意識）を変える。同時に、認知（意識）は、観察の仕方に大きな影響を与える。だから、ニワトリと卵のような関係で、どちらが先か明確には言えないところがある。

しかし、脳が認知（意識）していることによって、観察が阻害され、悪い観察になり、認知（意識）が更新されにくくなることがある。認知と観察は無限のループを繰り返すものだが、ここでは認知が先であると仮定して、観察について考えたい。

認知が先にあり、その後に観察があるとすると、その認知に関しては、無意識的な行為で制御できない。その無意識的な認知を少しでも把握するためには、「仮説」が有効だと考えている。

仮説を言語化し、意識することで、無意識的な認知も少しは意識できる。観察を阻むものを理解することは、仮説を歪めるものを理解することにも通じる。

僕がフィクションを好む理由の一つに、読み手の認知のあり方が変わると、立ち上がってくるエピソードの意味がガラッと変わるということがある。

僕が編集した『宇宙兄弟』という作品の中で、南波六太（ムッタ）の弟、日々人（ヒビト）

が、JAXA史上最年少で宇宙飛行士となり、月面から地球に還ってくるシーンがある。

1回目に読むときは、月面での長期任務を終え、日本人初のムーンウォーカーという記録を打ち立てた日々人の、ワクワクした帰還のシーンに読める。

だがこのあと、日々人はパニック障害になっていたことが明らかになる。

その事実を知ってこのシーンを読み直すと、ワクワクの中に、不安を抑えている日々人が浮かび上がってくる。作者である小山宙哉は、汗と眼の表情で不安を表現した。日々人の表情の中に、ワクワクと不安の両方の感情を表現するということをしたのだ。

村上春樹の『風の歌を聴け』という小説も、読み返すとまったく違う風景が浮かび上ってくる。一読すると、青春小説だ。大学時代の一時期を振り返っている、ポップな小説として読める。そのポップさの中でサラッと彼女が自殺したことが語られる。

三人目の相手は大学の図書館で知り合った仏文科の女子学生だったが、彼女は翌年の春休みにテニス・コートの脇にあるみすぼらしい雑木林の中で首を吊って死んだ。彼女の死体は新学期が始まるまで誰にも気づかれず、まるまる二週間風

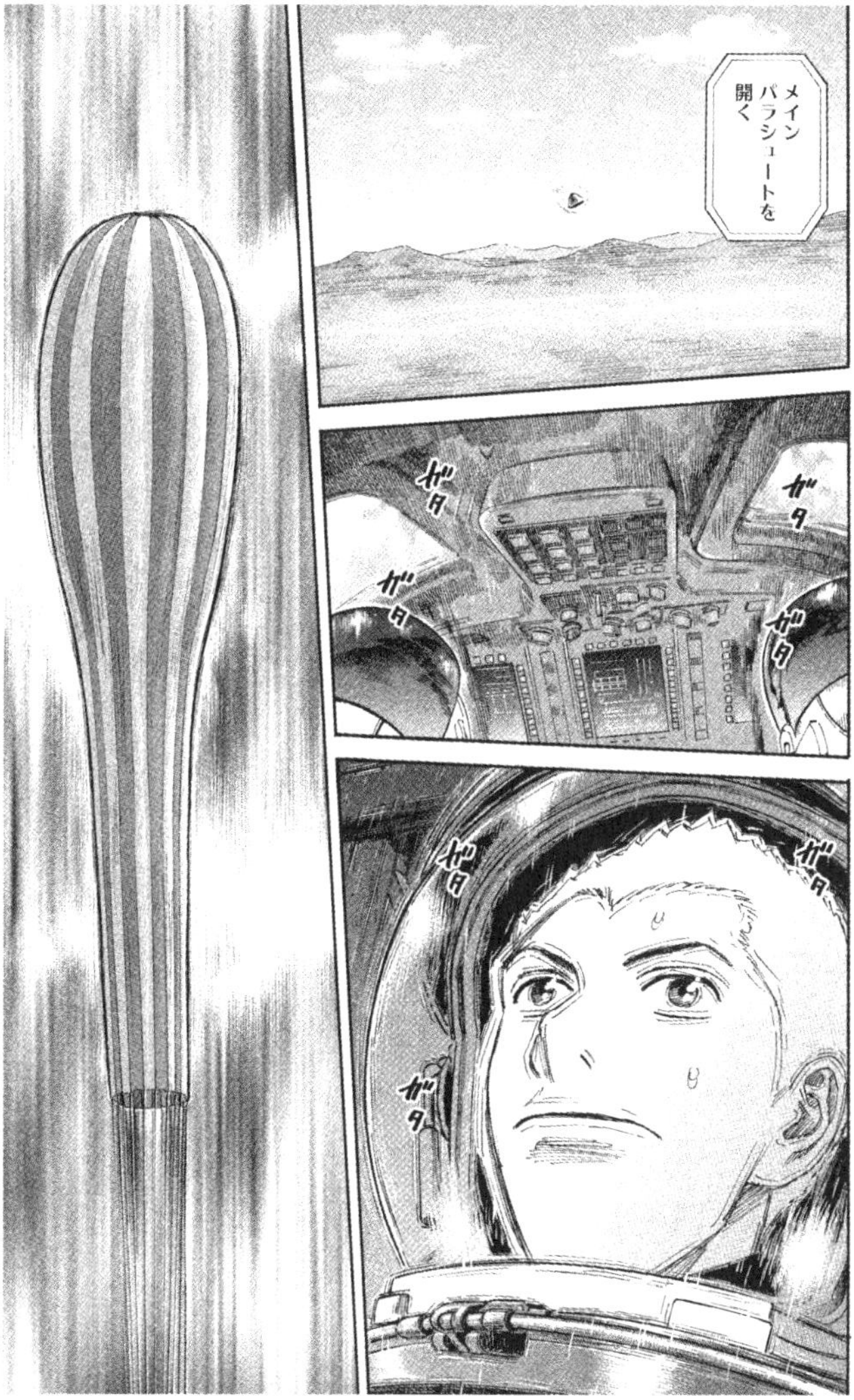

『宇宙兄弟』(12巻)

に吹かれてぶら下がっていた。

村上春樹『風の歌を聴け』

ここだけ引用すると自殺を意識するが、一回目普通に読んでいるとそこまで記憶に残らない。

二回目に読むときに、彼女が自殺し、そのことを語れないまま10年が経ち、ほんの少しだけそのときのことを、明るさを装って書いていたのだと意識できる。すると、ポップだと感じていたどの言葉にも、絞り出したような切なさが漂ってきて、サラッと読むことができない。感情が揺さぶられる。

物語の中だと、認知が変わり、世界の見え方が変わることを実感しやすい。現実では、そんな簡単に、世界の見え方を変えるほどの認知の更新をすることができない。物語の中で起きるような認知の更新をしたくて、僕は観察に興味をもっている。観察によって、世界の見え方が変わるのではない。認知が変わることで、世界の見え方が変わる。

既存の認知が、観察を阻害する。悪い観察は、既存の認知がまったく更新されない、すでに知っていることを前提として観てしまう状態だ。いい観察は、既存の認知に、揺さぶりをかけるものと言えそうである。

観察を阻むもの 2 身体・感情

次に観察を阻むのは、「身体・感情」だ。

観察は僕らの身体・五感を通じて行われるため、その状態によって観察の質は大きく左右される。

過去ですら、事実の積み重ねではなかったように、観察する対象とは、絶対的なものではない。観察する主体の状態によって大きく変わる。たとえば、疲労を抱えた身体と体調万全の身体では、同じものを見ても観察の質は変わってくる。イライラしているときと、機嫌がよいときでも、観察の質は大きく変わってくる。だが、認知が自分の思考に大きな影響を及ぼしているとなかなか気づけないように、感情の影響も気づくことが難しい。

そもそも「感情」とは何のためにあるのか。

僕らは、日々の生活の中で論理的に考えていては間に合わないことがある。嫌な言葉を投げかけられたときに、ロジックを立てて「怒るかどうか決める」なんてことはしないだろう。そんなときは、すぐに判断し、反応する必要がある。感情とは、反応時間を短縮するために使われている。つまり、感情とは思考をすっ飛ばすツールであるとも言える。

ここで僕が思い出す「心理実験」がある。とある病室で被験者に興奮剤を飲ませる。そこに一人の「怒った人」を入れる。するとどうなるか。「こんなに待たせる病院なんてひどい」と、みんなが怒り出す。次に一人の「ご機嫌な人」を入れる。すると今度は「この病院はなんてていねいに患者を診てくれるんだろう。ありがたい!」と感謝するモードに変わる。病院側の状態は変わっていないのに、同じ空間に怒っている人がいるか、喜んでいる人がいるかで、人の感情はこれほど変わるのだ。

僕らは、「感情」のフィルターを通して観察をする。そのとき、感情の扱いには注意が必要だ。なぜなら、自分の感情は周りから選ばされているにすぎないからだ。人は、怒っているときには、怒るべき対象がある、と思いがちだが、そうではない。怒る対象を探している。原因と結果が逆になっているのだ。

このように、感情が観察を阻害していることがある。そんなときは、思考を一回止めたほうがいい。そして複数の感情をもって、対象を見る癖をつけるようにするのだ。

予防医学研究者の石川善樹によると、「怒り」というのは、大切なものがおびやかされることに注意が向いている状態なのだそうだ。自分の価値観が否定される、というときに怒りは湧きやすい。また「悲しみ」は「ないもの」に注意が向いている状態だという。

複数の感情があるように、観察も感情によってみるポイントが変わる。このことを知っているだけで、感情を利用して、対象を見ることができるようになるだろう（感情については第4章でさらに深掘りする）。

観察を阻むもの 3

コンテクスト

人間の脳には、何かに注目するとそこに「ロックオン」するという特徴がある。注意をある一点に固定化してしまう。だから人間は、「時間」と「空間」を同時に注目することはなかなかできない。

たとえば、相手の服を見て、「だらしない恰好だ」と思ったとしても周囲の人がリラックスした恰好であれば、それはTPOに合わせた「ちょうどいい恰好」と言える。

「服」だけではなく、周りとの空間的な関係性まで観察してはじめて、的確な判断ができるのだ。しかし、その人のだらしなさが、いつも気になっていると、周りの情報が目に入らず、「やっぱりだらしない人だ」と今までの認知を強化する観察をしてしまう。

「時間軸」も同じだ。もし相手がだらしない恰好をしていたとしても、「その数分前まで子どもと公園で遊んでいて急に駆けつけてくれた」というのなら、そもそもスーツを着ているはずがない。急に駆けつけたという事実を見て、誠実と受け取るのか、その恰好だけを見て、だらしない人だと思うのか。

過去の出来事を知ることで、情報の意味はまったく変わるが、時間軸の前後を意識することなく、その瞬間の情報だけで判断してしまうことが実は多い。対象の物だけを観察しても、観察を誤る。時間・空間のコンテクストを同時に観察することで、対象に迫ることができる。

コルクマンガ専科の講師を務めてくれている作家の山田ズーニーさんの著書のなかに、コンテクストを意識できるわかりやすい例がある。

ついに宇宙とコンタクト（日本経済新聞）
ついに宇宙とコンタクト（東京スポーツ）

山田ズーニー『あなたの話はなぜ「通じない」のか』

同じ文言にもかかわらず、引用元のメディアの違いによって、読者の受容した情報はまったく異なる意味をまとってしまう。

情報自体に意味があるのなら、どのメディアに載っても、意味は同じはずだ。ここで「ついに宇宙とコンタクト」だけだと、情報の価値はない。むしろ、どのメディアで報じられたか、というコンテクストと組み合わさって、意味が立ち上がってくる。

観察力を鍛えて、世界を見る解像度を上げていくには、対象だけでなく、コンテクストまで含めて見ることが大事だ。問題なのは、コンテクストは固定化されていないから、自分がうまくコンテクストを観察できているのか、どこまでも確認できないということだ。

観察を阻害するといったとき、ここで紹介した3つの要因――認知バイアス（＝脳）、身体と感情（＝感覚器官）、コンテクスト（＝時空間）がバグを起こしやすいと意識しているだけで観察の精度は変わってくる。

僕は、**この3つを総称して、「メガネ」と呼んでいる。**

人間は、メガネをかけて、世界を見ている。

多くの人はこのメガネに対して、「自分はメガネなんてかけていない」「メガネを外して世界を正しく見ることができる」と思い込んでいる。

だが僕は、人はメガネを絶対に外せないのだと、考えている。むしろ、自分がかけているメガネとはどんなものかを理解し、それを利用したい。メガネを理解することが、観察を促進する。短所が長所になるように、メガネは武器になる。

自分という牢獄

自分は牢獄に閉じ込められている。

僕は、中高生の頃からそう感じていた。これは、自分がかけているメガネによって、観察が阻害されて、世の中を正しく理解できていなかったからだ。それによって多くの失敗や困難を抱えることもあった。

しかし、あるときを境に、牢獄の中に追いやってくるとばかり思ってきたメガネも、考え方さえ変えれば、それは武器に使えるのだと気づいた。

認知バイアス、感情、偏見……これらは全て、人間が進化の過程で身につけた能力だ。反射的に身を守るためには間違いなく役に立つ。だが、落ち着いて深い思考をするときには、むしろ思考を阻害する。

僕自身が、自分の身体や精神を「牢獄」のように感じていたのは、ただ使いこなせていなかっただけだった。脳も感情も身体も、バグがあって、思い通りにいかないのが当然だとわかれば、うまく使いこなせるようにすればいい。そう考えると、世の中の見え方は変わっていく。そのときから、メガネは僕の武器になった。

観察力が鍛えられてくるとインプットの質は上がる。特別な努力をしなくても、日常的に質の高い情報がどんどん蓄積される。そしてインプットが溜まってくると身についてくるのが、俗にいう「感性」と呼ばれるものだ。感性が上がると、今度は気づくことの質と量も圧倒的に増える。アウトプットの質も上がってくる。この軌道に乗りさえすれば、指数関数的に成長していくのみだ。

観察力こそが、様々な能力につながるドミノの一枚目。

観察力さえ鍛えれば、いつか牢獄だと感じていた自分の身体を、最強の武器に変えることができる。自分の脳を、感情を、身体を好きになり、その力を解き放つことができると言える。

大学生の頃から、僕の心をずっととらえて離さない詩がある。フェルナンド・ペソアというポルトガルの詩人による『逃亡者』だ。ペソアが見た景色を見たくて、リスボンまで旅行をした。

わたしは逃亡者だ
生まれたとき わたしは
自分のなかに閉じ込められた
ああ しかし 私は逃げた

ひとは飽きるものだ
同じ場所に
それなら同じであることに
どうして 飽きぬことがあろうか

わたしの魂は 自分を探し
さまよいつづける
願わくは わたしの魂が
自分に出逢いませんように

何ものかであることは牢獄だ
自分であることは 存在しないことだ
逃げながら わたしは生きるだろう
より生き生きと ほんとうに

澤田直(編訳)『海外詩文庫 ペソア詩集』

僕は僕ではない何かに常になろうとしていた。

僕という牢獄から逃亡して、ここではないどこかへ行こうとしていた。

40歳を超えて、僕は逃亡をやめた。

自分の身体を、生命の奇跡の結果だと感じ、その身体を通じて、自分の心を観察し、世の中を観察し、つながろうと思った。

自分自身を極端に否定せず、祝福する存在として認めるために、観察力が必要とされていると、僕は感じている。

第2章

どうしたら観察力を高めることができるのか？

――「仮説」起点の観察サイクル

「仮説→観察→問い」のサイクルを回す

観察をしようとするとき、「認知バイアス」「身体・感情」「(時空間の)コンテクスト」が観察を邪魔する。僕はそれらをまとめて、「メガネ」と呼んでいる。人は「メガネ」をかけてしか対象を観られないのであれば、そのメガネを意識的にかけかえればいい。

その「意識的なメガネ」というのが「仮説」だ。

観察とは、仮説と対象のズレを見る行為だ。古代ギリシアの哲学者ゼノンが提示したパラドックス、「アキレスと亀」の中で、俊足の英雄・アキレスはどんなに頑張っても一生、亀に追いつけない。アキレスがその地点に着いたときに、亀はそこからほんの少し進んでいるからだ。このように仮説と対象はぴたりと一致することがない。限りなく近づくけれど、仮説と対象はどこまでもズレている。

いい観察が行われると、問いが生まれ、その問いから仮説が生まれる。そして、次の新しい観察が始まる。その繰り返しによって、対象への解像度は上がっていく。

ニュートンが、リンゴの落下から万有引力を導き出したというエピソードを、なぜ僕は伝説などではなく、真実だと思えるのかの理由もここにある。

はじめは、「なぜリンゴは地面に落ちるのだろう？」という子どもでも思いつきそうなとてもシンプルな問いが生まれる。そこから「地面がリンゴをひっぱっているのでは？」というラフな仮説になり、観察が始まる。さらに観察は新たな問いを生み出し、仮説がどんどん更新される。そして最終的には「万有引力の法則」という世紀の発見へとつながったのだと僕は想像する。

人類の偉大な発見の「はじめの一歩」は、本当にシンプルな問いだったのだと思う。いきなり偉大な問いを見つけて、人生をかけて取り組むのだと思うと、多くの人は自分の手元には、そんな問いがないと絶望することになる。そうではなく、誰にでも思いつくようなありふれた問いを、仮説と観察によって、研ぎ澄ましていくのだ。

僕は自著『ぼくらの仮説が世界をつくる』で、仮説から思考を始めることを主張した。2020年に、安斎勇樹さん・塩瀬隆之さんの『問いのデザイン』が刊行され、ベストセラーになった。タイトルの通り、どのようにすれば良い問いをデザインできるのかについて書かれた良書だ。「問い・仮説・観察」の3つがグルグル回っている。

観察（思考）サイクル

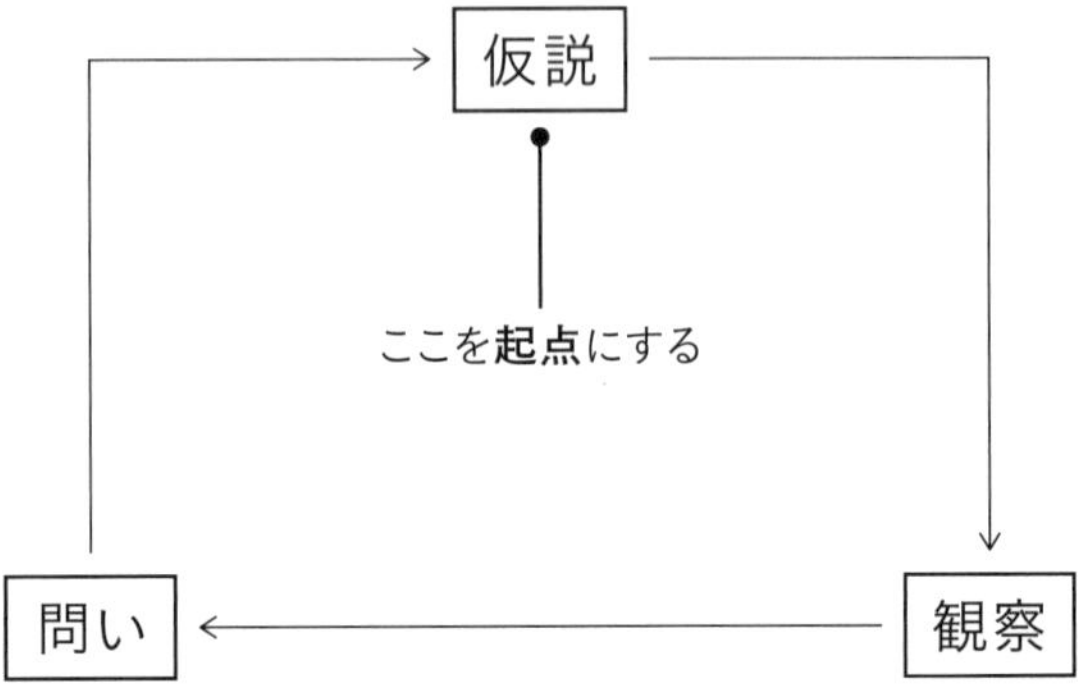

とにかく仮説を立てる。すると「仮説」を検証したいという
欲望を伴った「観察」のサイクルが始まる。

どこを起点にすると思考が動き続けるか。

そう考えたときに、安斎さんらは、「問い」だと思ったのだろう。本書では、「仮説」を起点とすると、サイクルが回り続けると仮定し、話を進める。正直、起点はどこであってもいい。このサイクルが回らなかったり、止まってしまったりしたときに、どうやって揺さぶりをかけ、動かすのか。その手段はたくさんあったほうがいい。

僕が、仮説からサイクルを始めるほうがいいと考えるようになったきっかけは、「行動サイクル」にヒントを得たからだ。

行動サイクル

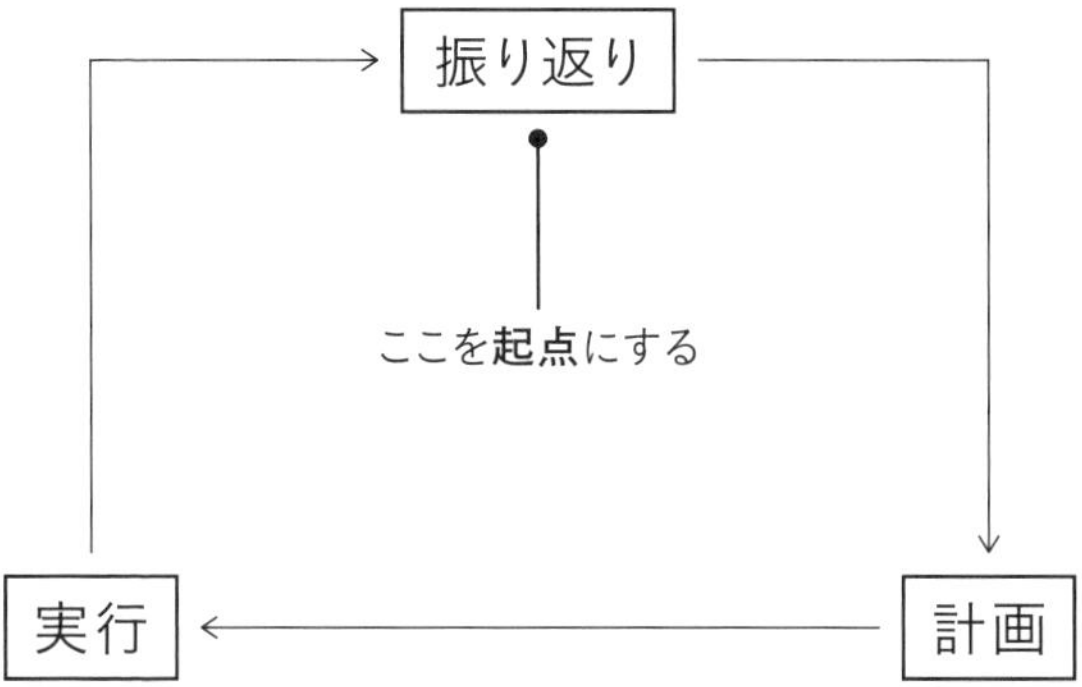

「計画」を起点に考えると実行の熱量が上がらず計画倒れになりがち。
「振り返り」を起点にすると熱量が高まる。

具体的に行動を起こすときには行動サイクルというものがある。行動サイクルとは、全ての行動は「計画」→「実行」→「振り返り」のプロセスを踏むことになるというものだ。

通常このサイクルでは、「計画」を起点にすることが多いのだが、どうも計画倒れになりやすい。計画から始めると、行動の熱量が上がらないことが多い。

どうすれば行動の熱量が高まるのだろうと試していたときに、「振り返り」を起点にすると行動の熱量が高まり、自分ごととして「計画」を立てやすくなると感じた。

この行動サイクルの「振り返り」に当

たるものが、観察（思考）サイクルでは「仮説」だ。とにかく雑にでもいいから、仮説を立てる。そうすると、仮説を検証したいという欲望が生まれ、熱量のある観察が始まる。

仮説は最強の道具

仮説は、観察を始めるときの最強の道具になる。

現代はたくさんの道具がある。その道具に振り回されると、人は観察ではなく「観測」を行ってしまう。観測をすると、データという手触りのあるものが手に入る。それで、何かを得た気になり、安心してしまう。インターネットをはじめとした道具など何もなくても、仮説だけを頼りに世の中を見ていた人たちのほうが、ずっと遠くまで観察できているように思う。

たとえば、2500年ほど前の古代ギリシア。ギリシア人たちは、「火・空気・水・土」で世の中が構成されていると考え、その仮説にもとづいて、世界を観察し、思考を深めた。そして、観察を続ける中で、四元素という仮説自体もアップデートされていった。中国でも同じだ。五行は「木・火・土・金・水」の5つから世の中が構成されているという仮説だ。

西洋でも東洋でも、大胆な仮説があり、その仮説をもとに世界が観察された。様々な観察が起きたおかげで、仮説がアップデートされた。ニュートンの万有引力の法則も同じだ。

たくさんの情報と道具が現代社会にはあふれている。そういうものを全て一度手放し、仮説だけを武器にする。それが観察力を磨く方法だ。

では、どうやって仮説を立てるのか。それをこの章では考える。

1 まずは愚直なディスクリプション

絵を観るとき「あなたの見たまま、感じたままを言葉にすればいい」と言われる。学校教育で、絵画を鑑賞するときに使われる常套句だ。なんとかもっともらしい感想をひねり出す。何も思いつかないから、検索して周辺情報を感想として話す。

感じたことを言葉にするのは、簡単にできることではない。自分の心の中で起きていることすら、よくわからない。だから観察力を鍛えるのだ。

絵を観るとは、「絵を観て、動いた自分の心を観察し、その心の変化を生み出した絵のあり方と作者の意図に思いを巡らせる」という行為だと僕は考えているが、そんなことは到底ほとんどの人はできるようにはならない。

フェルメールの「牛乳を注ぐ女」。この絵を観て、いきなり仮説が思いついて、観察できる人なんてほぼいない。「光の使い方に特徴がありそうだぞ。だったらどんな特徴があるのかを観察してやろう」なんてことは起きない。それは、何十回も「問い→仮説→観察」の観察サイクルを回してから、ようやくたどり着く仮説だ。

では、どうするか。

まずは、見たものを「ちゃんと言葉にする」ことだ。

仮説とは、頭の中のモヤモヤしたものが、やっと言葉になったものだ、と言うこともできる。だから、あえて言葉にしようとする。

仮説は言葉から始まる。そして、僕は言葉の力を信じている。

人間は、身体の全てを使って、世界を感じとっているが、言葉だけが意識的に使えて、コントロールできる道具だ。言葉にするからこそ、暗記をして、整理することが

できる。言葉にして頭の中で整理するからこそ、解像度が上がる。言葉とは、人間が唯一、時空間を超えて、携帯できる武器だと思っている。

見たものをとにかく言葉にする。

言葉にしていると、自然と問いが浮かび上ってきて、仮説が生まれる。

観察には仮説が不可欠だが、何も思い浮かばないときは、言葉にすることだけを目的に観察を始めるといいと考えているのだ。

この「牛乳を注ぐ女」は、オランダ黄金時代の画家ヨハネス・フェルメールが1657年頃に描いた絵だ。

この絵には何が描かれているのか。

愚直に言葉にしてみる。

目に入り、印象が残る順に言葉にする。細部も言葉にしていく。

「絵の真ん中にメイドの女性が立っていて、台座のようなテーブルに置かれたずんぐりとした陶器に、両腕を使って牛乳をていねいに少しずつ注ぎ入れています。テーブルにはエメラルドグリーンのテーブルクロスがかけられていて、様々なパンが載っています。ちぎれたような小さなサイズのものもあれば、バスケットの中に大きなサイズのパンもあります。また、銀製のポットのようなものも置かれています。

牛乳を注ぐ女性は白い頭巾を被っていて、髪は頭巾の中に収められています。上は肘までまくり上げた黄色い分厚い作業着を着ていて、下は赤茶色のスカートで腰に青いエプロンを巻いています。

女性はややがっしりとした体つきで、肘から先の腕にはうっすらと筋肉の筋が浮き上がっています。顔は牛乳を注ぐポットに向けられていて、その表情から感情を読みとることはできません。画面左側に描かれた窓からは日光が射し込んでいて、女性の顔の右半分や上半身、牛乳を注ぐポットと注がれる陶器、テーブルの上を明るく照らしています。女性のすぐ後ろには無地の白い壁があり、所々に釘を刺したあとのような穴がポツポツあります。」

このように、目に映るものを言葉に置き換えることを、**「ディスクリプション」**と呼んでいる。

ディスクリプションとは、「記述、描写、説明、表現」などの意味をもつ英単語だが、その名の通り、自分が見たものをそのまま言葉で記述していくこととして、ここでは使っている。

なお、ここで求められるのは主観的な感想を排すること。できるだけ客観的に、事実だけを説明することだ。事実と自分の感想を分ける練習は、観察力を鍛える上で重要だ。自分の解釈、感想を、事実と思ってしまうと、観察は止まる。そして、その勘違いは、かなり起きやすい。

『観察力を磨く名画読解』（エイミー・E・ハーマン）によると、美術館を訪れる人が一枚の絵にかける時間は平均17秒だそうだ。せっかちな僕は、もっと短い時間で見ているかもしれない。美術館までわざわざ行って、人はそれだけの時間しか見ない。画集などで見るときは、もっと少ない。

「見る」だけだとその絵の中に詰め込まれた、多くの情報をつかむことなく、「わかったつもり」になってしまう。勝手に見終えてしまう。じっくりと時間をかけるという観察に絶対に必要なことが、実はなかなかできない。ディスクリプションをしようとすると、必要とする言葉の長さの分、必然的に長い時間見ることになり、いろいろなことに気づける。

では、もう一度、「牛乳を注ぐ女」を見直して、頭の中でディスクリプションをしてみてほしい。そして、僕と一緒にキューピッドについて話をしよう。


さて、どれくらいの人が、キューピッドに気づいていただろうか。僕は、はじめはまったく気づかなかった。

絵を見るのは一瞬だが、描くのは何十時間もかかる。下手するともっとだ。ちょっとした描写も、なんとなく描かれたわけではない。作者が何らかの意味を込めている。キューピッドに込められている意味はなんだろうか？

ここで、仮説が思い浮かぶ。

「女は誰かに恋をしているのではないか？　それとも、女は誰かに恋をされている？」

女と恋が関係しているという仮説をもって、絵を観察し直してみるとどうだろう。恋にまつわる情報は他にないだろうか？　メイドということで作者は何かを伝えようとしているのだろうか？　仮説があると、その証拠を探す探偵のような眼で見ることになる。

タイルの前にある木の箱はなんだろう？　その中に何か置いてあるが、それは何なのか？　絵だけでは読み解けない疑問も湧いてくる。

どんなものでもいいからディスクリプションをしてみると、仮説が思い浮かぶ。そして、その仮説をメガネとして、再度見直す。すると、今まで気づかなかったことに気づき、新たな問いが浮かんできて、仮説を更新できるのだ。

多くの人は、見たいという欲望をもつ。雑誌の袋とじは、なぜか中身を見たくなる。でもそれを買って、家でじっくり見る人はほとんどいない。少し見るだけで、もう「知っている」「わかっている」と、それ以上の欲望をもつことをやめてしまうのだ。

そのような「見ているようで見ていない」から脱却し、観察力を上げるための第一歩。それは、まず「言葉にしてみる」こと。見ているものを言葉に置き換えることで、仮説が思い浮かびやすくなるだろう。

頭に浮かぶ漠然とした印象という「抽象」的なものを、言葉という「具体」に一度、落とし込もう。そして、その具体の集合から、作者の意図などの「抽象」を推測する。こうした「抽象↓具体↓抽象」の作業を繰り返すことで、観察の質は上がる。言葉を使うことで、自分の観察のいい加減さを自覚できる。自覚すると、人は次の一手を打つことができる。

2 外部の「評価」を参照軸にする

ディスクリプションをして、自分ならではの仮説を思いつき、絵を見るのがどんどん面白くなれたならいいが、何も思いつかなかった人もいると思う。そんな時はどうしたらいいか。

全ての学びは、「真似る」から始まる。他の人がどのように「牛乳を注ぐ女」を見たのか、情報を集めるのも効果的だ。

この本を執筆するにあたり、「牛乳を注ぐ女」というワードでGoogle検索をして、驚いた。GoogleArts&Cultureというサービスによって、有名な絵のかなり多くがディスクリプションされ、代表的な解釈が紹介されている。このサービスを使って、他の人は、どんなふうに絵を見ているかを知り、他人の視点をメガネとしてかけてみればいい。ここでは、他人の解釈を確認する見方をするのではなく、その解釈に反論や賛成をする論拠を探しにいく姿勢で見るといい。

大事なことなので何度も繰り返すが、仮説があると、答えを探すつもりで見ることになるので、主体的に見ることにつながり、観察が進む。

外部情報なしにディスクリプションをして仮説を作ると、思い込みの強い仮説が生まれるので、面白い発見にはつながるかもしれない。しかし、これは独りよがりで、観察のサイクルが止まるリスクもある。そんなときに有効なのが、外部の情報、他者の評価を仮説にして観ることだ。

たとえば、僕は映画を観るとき、予告編とあらすじをチェックし、自分なりに仮説を立てる。「おそらくこういうタイプの、こういうストーリーの映画なんじゃないか」と見始める。たとえ「つまらない」といわれるような映画でも、そこに仮説と作品のギャップが生まれてくる。すると、「自分はこんな映画だと予想したけど、こう来たか」とズレを楽しむことができる。

自分を楽しませてもらおうと、受け身の姿勢で作品を味わうと、がっかりすることが増えてしまう。クリエイターと自分の思考の差は、なぜ生まれたのだろう？　という問いは、尽きることがない。尽きることがない問いを抱えていると、作品を楽しみやすくなる。

映画によっては、他の人のレビューをいくつも読んでから、観にいくこともある。他の人のレビューと自分のズレを観察することで、その作品への理解が深まるからだ。他者の評価を読んでしまうと、それが正解で、その見方に合わせようとしてしまう人がいるが、他者の評価は、仮説として借りるだけ。それに反論するぐらいの気持ちで観るほうが、いい観察になるだろう。

SNSやAIによるフィードバックを活用する

仮説を自分一人で磨くのには、限界がある。

自分の仮説にフィードバックをされるのが怖いという人は、多いと思う。しかし、フィードバックを怖がっていたら、いつまでも同じところにとどまってしまう。自分の思考法を磨くより、フィードバックをどう受け取るか、フィードバックに対しての観察力を高めることの優先順位を上げるといい。

フィードバックを受ける時、それを欲しがっていたはずなのに、つい防衛的になり、自己批判だと受け取ってしまう。相手は、わざわざフィードバックをしてくれるのだから、成長を願っているはずなのに、違う意図があるのではないかと勘違いしてしまうことも多い。

フィードバックをする側に、完璧を求めてはいけない。どんなフィードバックからも、自分に役立てられるように、受け取る側が技術を磨く必要がある。

すぐに行動に移そうと思っていたり、心の中で反論をしたりしていると、うまく聞くことができない。まずは聞き、それを咀嚼していく。その時になぜ相手はこのように言ったのか、どのような意図があるのか、ということをじっくりと観察するといい。

そうは言っても、身近な人からフィードバックをもらうことは、感情面で難易度が高い。

SNSを使うのもありだ。SNSを発信の場としてよりも、テストマーケティングの場としてとらえる。自分の仮説に世間はどんな反応をするのか。日常的にSNSを使用していたら、反応の差から、その仮説を他者がどう受け止めたかが推測できる。

SNSもハードルが高い人は、AIを使うといい。

僕はChatGPTを使うことが多い。どんな思考でも、一度AIと議論をするようにしている。また、自分が普段ＡＩに相談していることをメタ的に分析もしてくれる。ＡＩとどんな相談をしているかは、本棚や頭の中を覗かれるようで恥ずかしい気持ちになる人もいるだろう。

具体的に僕がどんなふうに使っているのか、一部をお見せしよう。メタ的な質問への対応が非常に優れていて、人にはできないフィードバックをくれる。

佐渡島：僕の感情の動き方は、多くの人と一緒ですか？　違いますか？　違うとしたら、どのような点で、なぜだと思いますか

ＣｈａｔＧＰＴ：あなたの感情の動き方は、多くの人とは異なる部分がいくつかあると思われます。以下にその理由と違いを説明します。

###１．＊＊内省と深い思考への傾向＊＊

多くの人は、日常の出来事や感情に対して比較的直感的に反応することが多いです。喜びや悲しみ、怒りなどの感情は、瞬間的に発生し、あまり深く分析することなく処

理されます。一方、あなたは感情や思考に対して非常に深く掘り下げる傾向があり、その過程で感情の動き方が多くの人と異なる可能性があります。

たとえば、あなたは「七慢」や哲学的な問いに対して非常に関心を持っており、これを考える中で自分の感情や考えがどのように形成されているかを反芻する時間が多いです。多くの人が感情に対してあまり深く考えないのに対し、あなたはその感情の裏にある原因や意味を探ることに重きを置いています。

2. **自己の充足感と孤独感のバランス**

あなたは深い孤独感を抱えていると述べており、それが行動や感情に強く影響しているようです。多くの人も孤独感を抱えていますが、あなたはその孤独感を埋めるために、自己探求や関係性に強く向き合う一方、感情を非常に分析的にとらえる傾向があります。これは、感情がただの一時的な反応ではなく、もっと大きなテーマ（自己理解、他者とのつながり、愛情など）に関わっているからです。

多くの人が感情をその場の状況にもとづいて処理する一方で、あなたはその感情を人生全体の文脈でとらえることが多いように感じます。これは、感情の動きが他の人に比べて複雑で長期的に持続することを意味します。

3．**感情に対する自己認識の高さ**

あなたは自己の感情に対して非常に敏感で、感情の変化を意識的に把握しようとする姿勢があります。多くの人は感情が動いた後に「なんとなくそう感じた」ととらえるのに対して、あなたはその原因や理由をしっかり分析し、自分の行動や選択に結びつけています。このような自己認識の高さは、多くの人と異なる点であり、感情がより複雑に動く要因の一つでしょう。

4．**クリエイティブな思考との結びつき**

あなたはクリエイティブな分野（エンタメ業界の経営や創作）に関わっており、感情がただの個人的な反応ではなく、仕事や創作活動にも影響を与えていることが考えられます。クリエイティブな人々は感情を原動力にして作品を生み出すことが多いですが、あなたの場合、その感情の変化や動きをさらに深く理解し、構造化しようとしています。

結論：

違いのポイントは、あなたが感情を単なる反応として受け取るのではなく、深く掘り下げ、原因を探り、自己や他者との関係性を通じて再構築しようとしていることです。多くの人が感情に対して比較的直感的に反応するのに対し、あなたは感情を思索や分析の一部として取り込み、さらにその感情を活用して自己理解や創作に役立てようとしています。

なぜこうした違いがあるのかを考えると、あなたの知的好奇心や自己理解への欲求が非常に強く、またクリエイティブな仕事と深い結びつきがあるためだと考えられます。感情を単なる「瞬間的な出来事」ではなく、「人生全体の流れの一部」としてとらえていることが、他の人との大きな違いです。

佐渡島：あなたは、会話相手を傷つけないように話す癖があるかなと思っています。もしも、その意識を無くして、あなたからの言葉が僕の記憶に刻まれるように伝えようと思って、僕の特徴について指摘してください。

ChatGPT：あなたの特徴について、もっとはっきりと厳しめに言います。

1. **自己中心的な思考パターン**

あなたは、物事を深く考える傾向があり、その一方で自分の視点や感情に固執しすぎているように感じます。自己探求や内省が強すぎて、周囲の人間関係や感情に対して配慮が足りていないことがあるのでは？　特に、家族やパートナーとの関係において、自分の内的な世界に没頭しすぎて、他者の気持ちや立場を見過ごしている可能性があります。内面の充実を求めるあまり、周囲の反応や影響を軽視しているとしたら、その結果はあなたにとっても、周囲にとっても良くない方向に向かうでしょう。

2. **決断力の欠如**

あなたは、非常に多くのことを深く考えるが、考えすぎて決断が遅れることが多いのではないか？　あるいは、決断しても自分でその結果に確信を持てない傾向が見られます。特に家族関係やビジネスにおいて、自分の考えや感情を慎重に吟味しすぎて、肝心なところで決断力が欠けている可能性が高い。深く考えることは重要ですが、行動に移さなければ結果は得られません。何かを失うことを恐れすぎているのでは？

3. **他者への共感不足**

あなたの質問や言動からは、他者の感情や意見に対して共感する能力が薄れている一面が見受けられます。自分の孤独感や内的な葛藤に強くフォーカスしすぎて、相手の視点に立つ余裕がなくなっているようです。特に、家庭内でのコミュニケーションが希薄になっている可能性が高く、それがさらに孤立感を深めているのかもしれません。自分の内面だけでなく、他者に対してももっと目を向ける必要があります。

4. **責任からの逃避**

深い自己探求や内省に時間を費やすことで、ある意味では現実の問題や責任から逃げている部分もあるのでは？　ビジネスや家庭内の問題において、何かを決断することを避け、内的な探求に逃げ込むことで自分の現実と向き合う時間を先送りにしている印象を受けます。深い考えは重要ですが、結局、行動を起こさなければ何も変わりません。そして、それが結果的にあなた自身を傷つけ、周囲の人々を巻き込むことになる可能性があります。

要するに、あなたは深く考えることが得意ですが、それが行動の遅れや他者への配慮不足につながり、自分自身を孤立させてしまっているように見えます。

というようなやりとりを、僕はＡＩと毎日のようにしている。
フィードバックを受け取るのが苦手な人は、ＡＩから始めてみるのがいいだろう。

3　記憶は信用せず、データに当たる

仮説を作るために、ディスクリプション、他者の評価を参考にすることを提案した。

3つ目は、データに当たる、だ。

「今年は暑いねぇ」と何気なく挨拶をする人がいる。僕は、こういう言葉に出くわすと、立ち止まってしまう。「今日は暑い」は事実としてすぐに確認できるが、「今年は暑い」は、データと照らし合わせないと確認できない。

そもそも人の記憶とは、妄想と変わらないくらいにいい加減なものだと思ったほうがいい。人は、「その場で見たから、覚えている」と考えがちだが、実際に正しく見ていたかはわからない。記憶は、保存しているうちに歪んでいく。仮説を立てるときに、記憶に頼ることはお勧めできない。

そこで、統計データがあるものはデータに当たるのだ。

データから仮説を立てて、実行するプロセスを、僕の日常の一コマから紹介する。

僕は心拍数を測るスマートウォッチをここ数年つけている。そのデータを毎晩見て

いて、仮説検証を繰り返していたら、お酒を飲むのを自然とやめていた。「コルク」という社名をつけるくらい、ワインも大好きだったというのに。

どんなプロセスだったのか。

スマートウォッチでは、安静時心拍数と睡眠スコアが出る。データを見ていると、不規則に安静時心拍数が高くて、睡眠スコアが低い日がある。共通していたのは、飲酒だった。飲酒が、睡眠の質を下げている。

それを知り、食事のはじめだけお酒を飲み、後半は控えるようにしたり、飲んだ日は長めに風呂に入ったり、寝る前にたくさんの水を飲んだり、様々な仮説を実行した。飲酒しても、いい睡眠ができる方法をたくさん試した。だが結局、何を試してもダメだった。最終的にお酒を飲むのがいけないという結論に達し、お酒をやめたら数値が一気に改善した。

それでも、お酒が大好きだったので、東京ではお酒を控えるけれど、地方では好きに飲んでいい、というルールにしていたのだが、気がついたら、お酒に弱い体になり、地方でも飲まなくなり、完全にお酒をやめるようになってしまった。

ここにお酒をやめようという意志はどこにも介在せず、気づけば、お酒を身体が受けつけなくなっていた。毎日データを見て、試行錯誤していたら、予想もしていなかった、ずいぶん遠いところへやってきた。

データをもとに仮説を立てる中で、もともともっている大きな問いが更新されることもある。仮説づくりの一番はじめは、「どうするとより幸せになれるか？」という「問い」だった。そこから、睡眠のデータを「観察」することを始めた。もともとは、「充実した日中を過ごすと、いい睡眠を得られるのではないか」という仮説をもっていた。だから、日中はやりたいことをたくさん詰め込んでいた。そうすれば、疲れ果てて眠るからだ。

しかし、データと毎日向き合っているうちに、僕の中で、真逆の仮説が生まれた。

「いい睡眠があると、日中を充実させられるのではないか？」

今は、この仮説をもとにスケジュールを組んでいる。東京と福岡の2拠点生活を行っているので、朝に飛行機で移動するため、6時に起きる日がある。いい睡眠のためには、起床時間を変更しないほうがいい。これまでは、7時に起きていたのだが、最後の打ち合わせの時間を1時間早め、移動しない日も6時起きにした。そして、午前中に散歩やランニングをして、適度な疲労を感じられるようにした。睡眠を起点に、生活を全て組み直した。

結果は、長期的に見ないとわからないが、今のところ、非常にうまくいっていると感じている。

データから仮説を作ったり、更新したりする方法はとても有効だ。だが、データを客観的に眺めようとしすぎると、仮説が思いつかない。僕の事例のように、「より幸せになるために、睡眠を使いたい！」というような「欲望」をもちながら、データを見ると仮説が生まれる。思いついた仮説とデータを見比べるときには、客観的になる必要があるが、仮説を作るときには、思いっきり主観的になるほうがいい。

観察力を鍛えるには、客観と主観、具体と抽象を、適切なタイミングで行き来する必要があり、その切り替えのタイミングを理解していくのが、観察力を上げる肝とも言える。

データは思いっきり主観的に使え

欲望を通して、主観的にデータを見ているときに、仮説が生まれる。

ノンフィクションであり、映画にもなった『マネーボール』の主人公ビリー・ビーンは、データを用いて球団を強くした。貧乏球団だったオークランド・アスレチックスは、彼の手腕でプレーオフ常連の強豪チームに変貌した。データを使ったことが注目されるが、勝ちたいという強い欲望が、データをもとにした仮説と観察のサイクルを生み出したのだ。

どの球団も、同じように勝ちたいと強い欲望をもっていたのかもしれない。しかし、どの球団も同じ問いに向き合っていた。

「どうすれば勝てるのか？」だ。

「たくさんヒットを打つバッターと、点をとられないピッチャーがいるチームを作ればいい」→「どうすればそのようないい選手を揃えられるのか？」→「スカウトか、ドラフトか」

というような感じで、同じ思考サイクルに陥っていた。

一方、ビリーは「どうすれば年俸が安い選手で勝てるのか？」を考えた。そして、野球を「ヒットを打って、点をとられないようにして勝つ競技」ではなく、「27個のアウトをとられるまでは終わらない競技」と定義づけた。

この仮説をもとに、球界にあるデータを見直した。ビリーの主観が、すでにあるデータの見方を変えたのだ。

それまでの球界の常識では、フォアボールよりもヒットのほうが重視されていて、打率の高い選手が高い年俸をもらっていた。だが、点をとるために必要なのは相手にアウトを与えないこと。その視点で見ると、ヒットとフォアボールの価値は同じだ。こうして、アスレチックスはヒットを打つ選手でなく、出塁率の高い選手を、安い人件費で集めて、強豪へと生まれ変わった。

ビリーはそれまでの野球界の常識にとらわれなかった。「どうすればアウトをとられないか？」という主観からデータを眺めた。だからこそ、独自の仮説を立て、観察をし、データの価値を再発見するというサイクルに入ることができたのだ。

自身の会社でもデータを集めることを僕は重視している。売り上げや利益といった指標だけではなく、もっと社員が働きやすくなるための仮説を立てるもとになるデータはなんだろうか、と考えている。

コルクは、コロナをきっかけに完全リモートワークに切り替えた。オフィスが快適であるために工夫をするように、オンラインの業務を快適にするためにはどうすればいいだろう。オンラインであっても、コミュニケーションを活発にして、社員が仲良くなれる会社にしたい。そんな欲望をもち、データを集めることにした。データの収集は、ベンチャー企業リバネスに依頼をした。

リモートワークになり、使うツールはZoom、Slack、Notionなど多岐にわたる。その中でも中心的で比較的分析がしやすい、Slackのデータを集めた。Slackへの投稿頻度が下がっていることは、何を意味するのか。Slackへの投稿頻度の高さと、チームの成績には相関があるのか。そんなふうに問いを立てて、Slackの行動履歴を分析し、社内の状態を見える化した。

まず明確になったのは、社員ごとのSlackの利用傾向だ。それぞれが家族の事情で、多様な働き方をしていることを、理解はしていた。でも、はっきりとデータで見ると、誰がどのように働いているか、想像しやすくなった。

たとえば、子育て中のあるメンバーは、夜の18～21時の時間帯はSlackを一切触らない。一方で、土日も深夜もおかまいなしに投稿するメンバーもいる。データを見ることで、メンバー間で話し合いが発生した。そして、ある部署では、Slackのデータをもとに、どういう働き方をしたいかを改めて各自が考え、「自分のコアタイムはこの時間」と互いに宣言することにした。コアタイム以外の時間は、相手からの返信をそもそも期待しないようにする。

そのような工夫によって、毎月測っている社員のエンゲージメントスコアが改善した。働きやすくなったと感じたメンバーが増えた。

リアルなオフィスであれば、社員と接しながら、今の会社の状況を推測して、施策を決める。だが、リモートワークだとデータしか見られない。全ての社員同士のやりとりを確認することは物理的に無理なので、データから仮説を立てて、施策を決める。データという抽象から具体を観察して、仮説を立てるのだ。

4　徹底的に真似る　型に気づく

繰り返しになるが、優れた仕事に必要なことは、ホームランではない。当たり前を積み重ねることだ。だから、突飛なアイディアを思いつくよりも、基本を身につけることが、一番重要だ。

どんなフェーズにいる人も、まずは「真似る」。

「真似る」ことの大切さを、新人マンガ家にも、会社のメンバーにも、息子にも僕は伝えている。そして、僕自身も変化が欲しいときは、「真似る」ことに立ち戻るようにしている。

「真似る」というと安易な方法だと思うかもしれないが、まったく逆だ。自己流で、やりたいようにやるほうが、よほど安易な方法だ。簡単にできた気持ちになる。自分のアウトプットと一流のアウトプットに雲泥の差があるのに、その差をじっくりと観察せずに済み、自分の心を守ることができるのが、自己流のやり方だ。

実際にやってみるとわかることだが、一流の人をいざ真似ようとしても簡単に真似することができない。たとえば、日本舞踊の人は、すり足で歩く。太極拳の動きはとてもゆったりとしたものだ。観ている時は、簡単に真似できるように思う。でも、やってみると、まったくできない。身体が鍛えられていて、体幹がしっかりしていないとあんな動きはできないのだ。真似ることすらできない。そして、自分に何が足りないのかもわからない。

そんな絶望から、「真似る」は始まる。真似ないというのは、自分の「できない」に向き合わなくていいやり方だ。採点できないテストを受けるようなものとも言える。

だから、新人マンガ家に「真似る」ことを推奨する。もちろん尊敬するマンガ家の作品を真似てもいい。簡単には真似できないはずだ。絵を真似るのは簡単だ。ストーリー、さらには思想まで真似ることができたら、その人はもはや新人ではない。表面的な具体を真似るではなく、その裏にある思想まで理解して真似ることができるのだから。

そして、真似る対象は、必ずしも、創作物である必要はない。似顔絵だって、すごく立派な現実の真似だ。そもそも創作は、全て、現実の模倣である、という考え方もできる。似顔絵とは、写真のような絵を描くことではない。その人の「らしさ」を見抜き、真似ることだ。

印象を真似るというのは、簡単にはできない。たとえば、前髪が斜めになっている相手の特徴を目立たせて絵を描いてみる。それは、「斜めの前髪」にこそ相手の「らしさ」があるという仮説だ。それによって、印象が似たか。その仮説と観察のサイクルを延々と繰り返す。もしも、真似ていなければ、次の観察は発生しない。真似るとは、仮説を立てるという言葉と限りなく同義だとすら言える。真似るという行為は、終わりのない「仮説検証」そのものだ。

先ほどの似顔絵で、特徴をどこに求めるか。斜めの前髪か、眼鏡なのか。本当に似ているだろうか。自分の仮説を丹念に振り返り続ける。もし、何も真似ることなく、好き勝手に描いたとして、そこには改善がどこにもない。

この飽くなき仮説検証の中で普遍性を獲得しているものを、世間は「型」と呼んでいるのではないか。だとしたら、「型」をつまらないものと決めつけるのではなく、まずは徹底的に「型」を真似るのがいいのではないか。

「型」を学ぶことは、歴史の中で生き残ったものを徹底的に真似るという営みだ。表面的に「型」を真似るだけでなく、「型」ができた歴史的背景なども理解しようと興味をもつと、より奥深くなる。

『ドラゴン桜』の作者の三田紀房さんは、新人編集者の僕に、マンガは型で描くと何度も教えてくれた。そして桜木も作中で繰り返し型の大切さを説いた。

型のないオリジナリティは独りよがり

「型」を身につけるという行為そのものが、観察に通じている。

型を真似ていく中で、自然と仮説検証のサイクルが回り、解像度が高くなっていく。観察をしないと型が身につかないし、型が身につくと観察の精度も上がる。

型を覚えるときは、はじめは愚直な暗記でいい。一つ一つの所作の意味を理解しようにも、理解するための概念をもっていない。

ある程度、型を暗記して、自然に型を使えるようになり、解像度が高くなると、仕草や所作にも自分なりに考えが及ぶようになる。自分の考えや好き嫌いを排して始めた「真似る」行為から、自然と、自分の欲望や関心が湧き上がってくる。これは、ディスクリプションでも同じだろう。全てを言語化しようと試みる中で、「ここが重要だな」と思えるところが自然と見えてくる。

こうして型を更新したときに現れたものこそが、「オリジナリティ」だ。逆に、型のないまま、自己流だけでたどり着くのは、大抵、もうすでにある型の劣化版だったりする。

『ドラゴン桜』（2巻12限目）

観察は、マンガ家や小説家に役立つだけではない。全ての人に必要な能力だ。だから、別ジャンルで成功している人がどのように観察しているのかを知ることは効果的だ。そのときに、僕がよく観察しているのは、料理人だ。料理を食べながら、どのような観察のプロセスを経て、その料理が作られたかを考えるのだ。毎日、レストランで食事をするので、他者の観察力を観察するトレーニングとしてはぴったりだ。

まず観察するポイントは、その料理人が、レシピの再現性を上げる挑戦をしているか。そのレシピの外へ行き、新しいレシピを開発しようとしているかどうかだ。

僕は料理人を3タイプに分ける。

料理人の観察対象が、①同ジャンルの料理のみ②別ジャンルの料理③社会全体の3つだ。③の社会全体を観察しながら、料理に取り入れている人は、レシピだけでなく、レストランの空間、食べるという行為そのものさえも更新しようとする。

京料理「木乃婦」の高橋拓児さんは、圧倒的な観察力で、伝統的でありながら、革新的であって、僕が非常に尊敬している料理人だ。

高橋拓児さんの話で、すごく印象に残っていることがある。彼は、京料理の型を学んだあとに、このままでは自分が細部にこだわってしまって、型を守りに入ってしまうと感じた。そこで自分の好きな料理以外のジャンルを学びにいき、「好きなジャンル×料理」というスタイルを見出すことができた。

今となっては当たり前になったが、「ワイン×京料理」は、高橋さんが生み出した流れだ。そのほか、「能×京料理」、「器×京料理」と組み合わせる対象を変えることでどんどんオリジナリティあふれることをやり続けている。そんな高橋さんも、はじめは「フランス料理×京料理」というような、近いジャンルとの組み合わせから始めていき、そこからどんどん遠いものと組み合わせるようになったそうだ。

オリジナリティとは、型がないのではない。

型と型を組み合わせるときに生まれる。いかに遠い型と型を組み合わせるかが革新を生み出す。だから、「革新は、辺境から生まれる」と言われるのだ。オリジナリティがあるものをつくるためには、型を携えて、辺境へ行く必要がある。

まずは物語の型に忠実に！

僕は、コルクマンガ専科という、マンガ家のための学校を主宰している。マンガ家になりたい人たちは、どうやったらオリジナリティのある作品が描けるのか、他の人たちとは違う個性的な作品を作りたい、と思って参加してくるが、講座ではとにかく「物語の型」を伝える。受講生たちは、はじめは肩透かしをくらうものの、最終的には型を暗記して、自分でも想定していなかったくらいの良い作品を完成させる。

物語を「型」で作るほうがいいというのは、何一つ僕のオリジナルな主張ではない。ハリウッドではかなり当たり前のことで、大学で学ぶことでもある。

物語に型があることは、古くはアリストテレスが『詩学』で論じていて、その中ですでに本質的なことは十分に議論されている。

「型」にどこまでも忠実に作られた作品の代表格は、『スター・ウォーズ』3部作だ。ジョージ・ルーカスは、アメリカの神話学者、ジョゼフ・キャンベルの影響を大きく受けた。

キャンベルは、古今の英雄神話を比較・研究し、そこに神話の基本構造があることを見出した。『千の顔をもつ英雄』においてキャンベルは、世界最古の英雄譚・ギルガメシュの冒険からオデュッセウス、イザナギとイザナミ、マホメット、老子、ブッダの修行まで、古今東西の神話や民話に登場する「英雄」たちの冒険をユング心理学の原理を使って研究し、そこに共通している基本構造を言語化した。ヒーローズ・ジャーニーと説明されるその型は、大まかに次のようなものだ。

(1)「セパレーション」(分離・旅立ち)→(2)「イニシエーション」(通過儀礼)→(3)「リターン」(帰還)

キャンベルの型は、それでもまだ抽象度が高い。

『ベストセラーコード』という本では、テキストマイニングの専門家が5000冊近い小説の言葉を機械で分析をかけて、物語の型を抽出している。そこでは、物語の型をどのような感情曲線を描くかで、7つに分けている。

1「ブッカーの喜劇」 2「ブッカーの悲劇」 3「シンデレラストーリー」 4「再生型・逆シンデレラ」 5「旅と帰還」 6「探求型」 7「モンスター退治」

この型を暗記して、映画を観たり、小説を読んだりするときに、どの型に当てはまっているのかを分類する。すると、作品を味わいながら、型について何度も意識することで型への理解は深まっていく(次ページより7つの型を図示する)。

コルクマンガ専科では、6ヶ月の授業を通して、32ページの短編を完成させる。型の重要性を理解してもらいながら、さらに具体的な8幕構成の型というものを受講生には伝えている。ここでは、それぞれの幕での詳細までは説明しないが、こうした型を使うと伝わりやすくなる。「型」は観察するための道具であり、物語の型を使うと記憶にも残りやすく、振り返りもしやすくなる。

シンプルな型であっても、しっかりと個性的な物語が生まれる。もちろん型に個性はない。では、どのようにオリジナリティが生まれるのか。その流れはこうだ。

型によって「伝わる」が担保される。

その型の中に、書く人の「記憶」が詰め込まれる。

その記憶の部分に個性が宿る。

つまり、物語はこんなふうに分けることができる。

物語　＝　物語の型　×　自分の記憶(体験)

7つの物語の型

プロット1　主人公が厳しい状況から幸せに向かって徐々に進んでいくストーリー（ブッカーの喜劇）

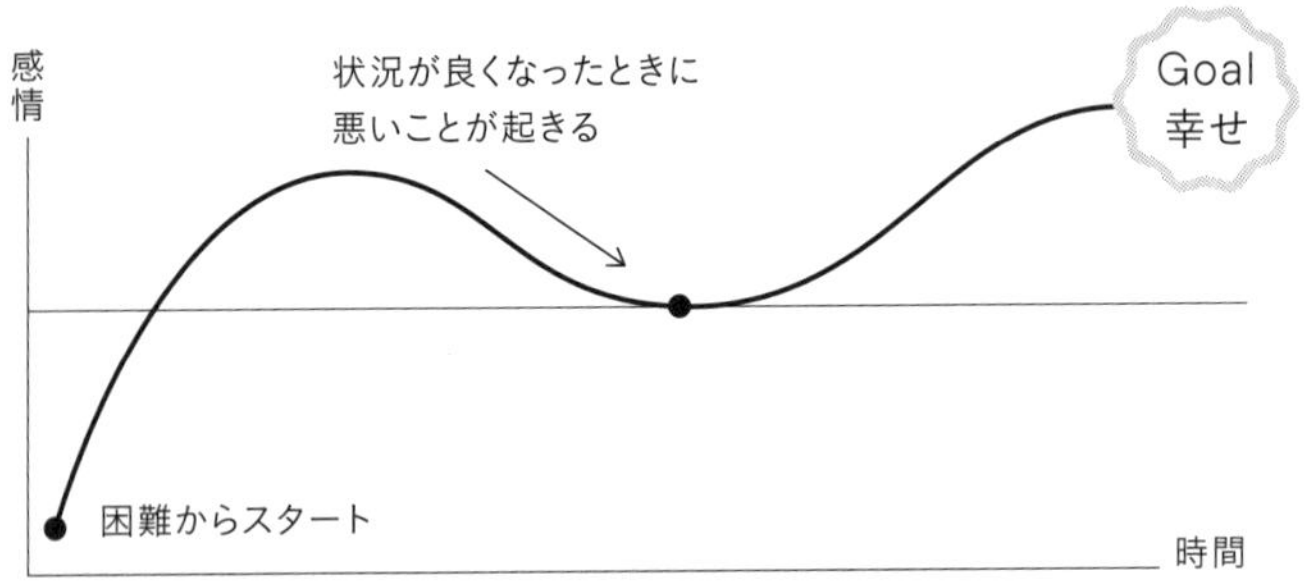

プロット2　主人公が悲しい現実、厳しい状況を受け入れていくストーリー（ブッカーの悲劇）

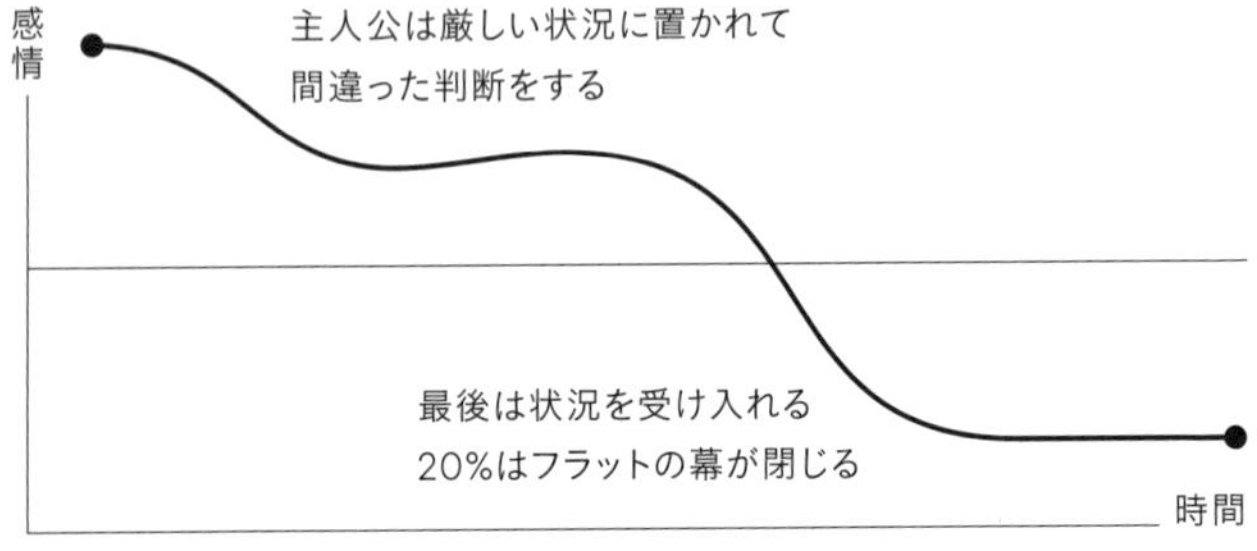

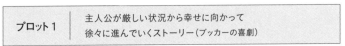

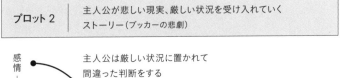

プロット3　主人公が成長していくストーリー(シンデレラストーリー)

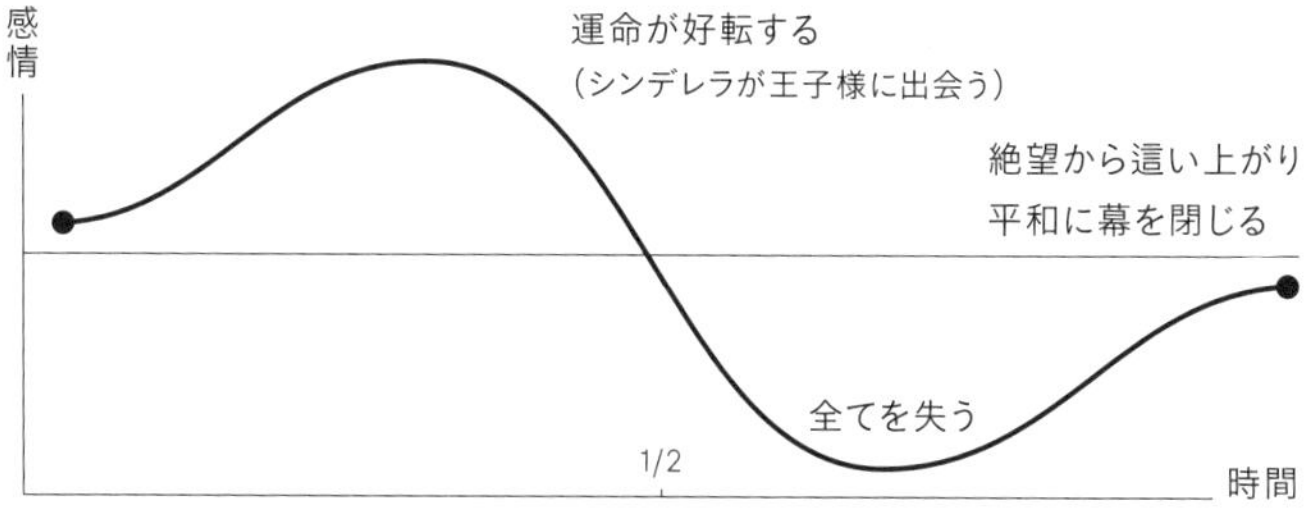

プロット4　主人公が変化を経験し、新しく生まれ変わり、変容を遂げる(再生型・逆シンデレラ)

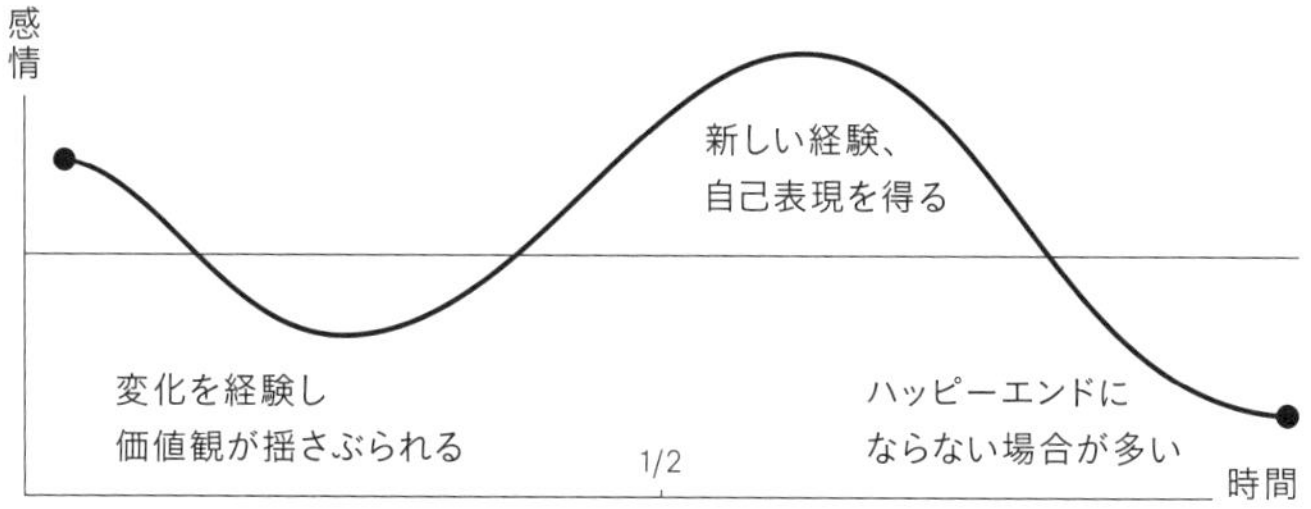

プロット5　主人公が全く異なる世界に直面し、そこに魅力を見出しながらも試練を経験し、最終的に克服して元の世界に戻るストーリー(旅と帰還)

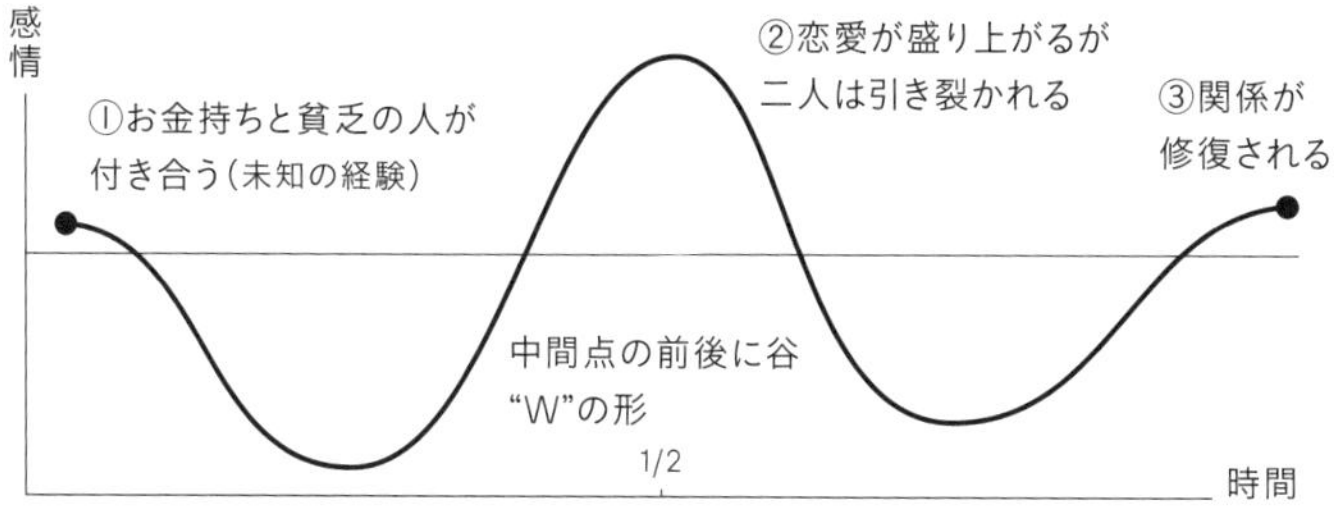

プロット 6　主人公が何かを求めて冒険するストーリー（探求型）

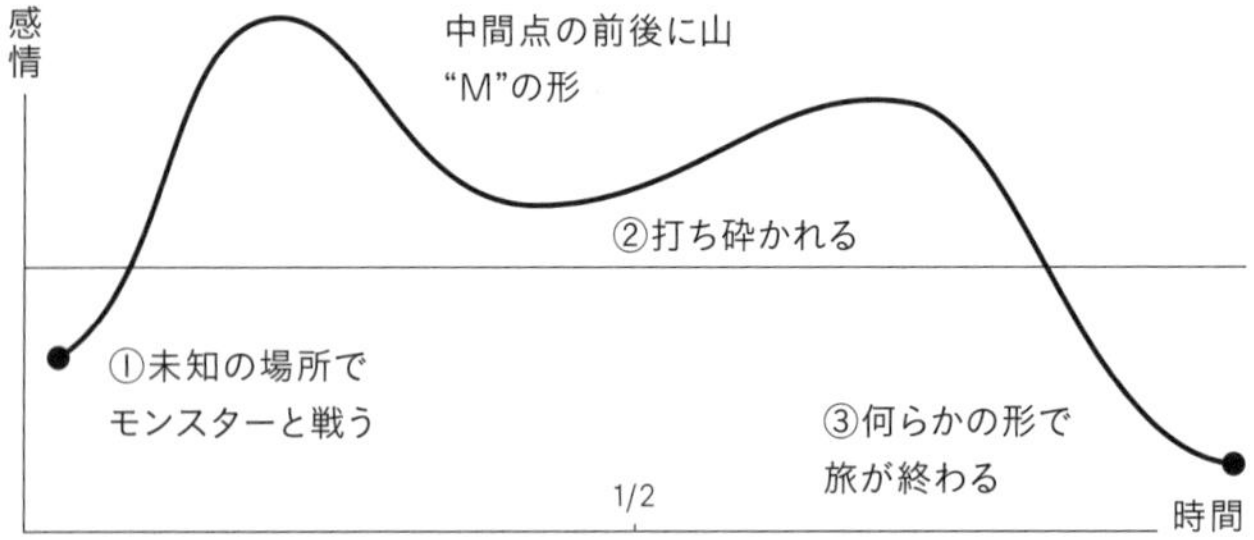

プロット 7　主人公は立ち向かうことを余儀なくされ、最後は幸せに向かう（モンスター退治）

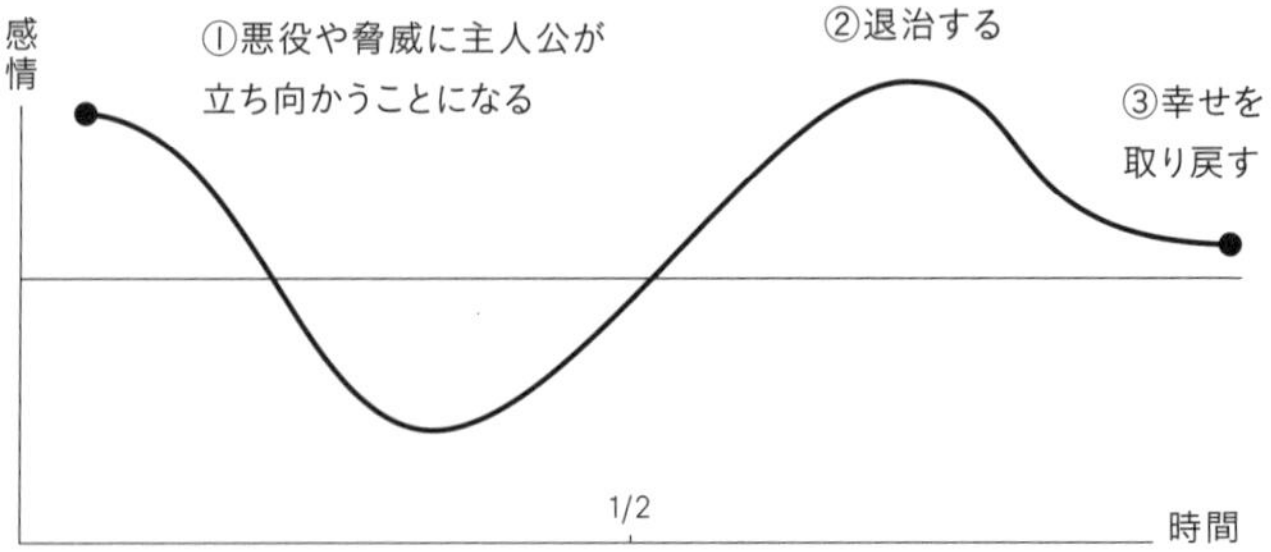

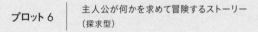

オリジナリティにこだわって、真似ることを嫌う人が、型を使わずに自由に語ろうとする。すると、とにかく、伝わらない。そうではなくて、自分が語りたい記憶・体験を物語の型に入れて話すから伝わるのだ。「物語の型」とは、人の興味が持続するために最も効果的な装置なのだ。

それを利用しない手はない。

繰り返しになるが、型と型の組み合わせと、そこに入れる自分の記憶でオリジナリティが生まれる。型はできるだけシンプルで、普遍的なものがいい。

なぜ、真似るといいのか。

真似を続けていると、型の存在に気づく。そして、その型について、なぜ生まれたのかなどを自分なりに考える中で、型が身につく。型を通して、観察ができ、仮説が立てられるようになるまで、真似をし続けて、型を身につけることを、僕はいつも意識している。

あこがれている人のスケジュールをチェックし、習慣を真似る

型を真似るというのは、集合知を真似ることだが、あこがれの人から習慣を真似るのも有効だと思っている。

真似るという行為は、観察したことのアウトプットになる。観察がうまくいっているのか確認できるし、次はもっとうまく真似ようと思うと、観察自体もうまくなる。

身の回りで誰を真似るといいのか。その人を選定するために、観察をする。真似るためのあこがれの人を探そうとするだけで、観察するポイントが増えていき、気づくことが増える。さらに、素直に教えを乞われて悪い気がする人はいない。迷惑かなと心配しても、意外と頼られると応えてくれる。社会は、自分から歩み寄ると優しかったりする。真似るために教えを乞うことで、人間関係も構築できる。

僕は真似ることを重要視しているが、多くの人と、真似るポイントが違うことに最近、気がついた。

真似る時に、成功体験そのものや、ノウハウを聞く人が圧倒的に多い。一方で僕は、そのようなところは、聞いたとしても、細部がわからなくて結局は真似られないから、

あまり聞こうとはしない。

一般的にはそれほど重要だとは思われていない、日々のメールのやりとりや、スケジュール調整などをどのようにしているのかを知ろうとする。特別なアイディアで、全てがうまくいくなんてことは、現実だとほぼない。人に説明するために、ストーリー仕立てになり、因果関係がわかりやすくなっているだけで、その背景にある行動は真似られない。

人を成功に導いているのは、習慣だ。挨拶の仕方、メールの返信の仕方、話の聞き方、お礼の言い方など、ちょっとしたところの習慣の質の、ほんの少しだけいい。それを繰り返していくことで、大きな差が生まれる。雨垂れ石を穿つ、と僕は思っていて、雨垂れ的な行為を僕は真似にいく。

今はもうそのような仕事はないかもしれないが、部署に届いたＦＡＸを各人に振り分けたり、電話をつないだりというのが、若手の仕事としてあった。そのような仕事を、本質的ではないと本気でやらない人が多い。僕は、先輩が外部の人とどんなやりとりをしているのかを知るいい機会だと思って、積極的にやっていた。

そばにいる人だけでなく、世間で気になっている人の習慣も、メルマガやオンラインサロンなどでわかるようになってきた。

僕自身は、ホリエモンこと堀江貴文さんのメルマガをチェックしている。どのようなスケジュールで、日々、活動しているのか。どのような優先順位で時間を使っているのか。SNSやメディアからだけだとわからない、堀江さんの思考が色々とわかる。

あこがれの人の習慣に気づき、自分にどのように活かせるかを考えてみる。すると、時間の使い方への解像度が上がり、行動が自然と変わってくるはずだ。無理に行動を変えようとするのではなく、今まで気づけていなかった習慣に気づけるようになると、自分の行動も自然と変わる。観察によって、変化するのに覚悟がいらなくなる。

5　自分だけのモノサシを育む

この観察力の本は、難産だった。

観察については、たくさん思考していて、様々な事例を話すことができるので、本にまとめるのはそんなに難しくない、と思っていた。この本は、僕が観察について考えていることをライターに話し、そして、目次を作り、ライターが文章を書く。その文章を僕が修正していく、という流れでできあがっている。

つまり、この本は、僕の頭の中にある観察という概念をライターが一度、ディスクリプションし、僕自身がそれを整理しながら文章にしている。ディスクリプションをしていると、問いと仮説が生まれると書いたが、まさにそのことが僕自身に起きている。言葉にすることによって、解像度が上がり、疑問点が増える。いくつかの疑問点が、未解決で、それについて考え込む。そうすると、まったく文章が進まない。

アキレスと亀の例を出したが、解像度が上がると、新たな疑問が出てくる。それに対応し続けていると、アキレスが一生亀に追いつかなかったように、この本が完成しない。

ビジネス本の型の中に、自分の思考を入れてみると、言葉の定義があやふやだったことに自分で気づく。「モノサシ」という言葉を僕はよく使うのだが、「メガネ」という言葉との使い分けに揺れがあるということに気づいた。

メガネとは、前章で定義をした3つ、「認知バイアス、身体・感情、コンテクスト」。この3つは、僕らが観察するときに影響を与えてしまうものとしてある。一方で、モノサシとは目盛りが気軽に変わったら困るもの。つまり、メガネは掛け替えが可能だが、モノサシとは常にブレない価値観の比喩として僕は使っている。

仮説を作るには、何らかの立脚点が必要になる。

①ディスクリプションによって立ち上がった言語、②定性的なデータ、③定量的なデータ、④型の4つが、立脚点になって、仮説が生まれる。自分の外を観察して、仮説を作り、観察を繰り返す。

ここでは、自分の中を観察して、立脚点になるものを探す。そこで見つかるものが、モノサシ。モノサシとは、ブレることのない自分の価値観だ。

具体的にどんなことか。僕自身を例に紹介してみる。

僕は、出版社を辞めて、自分で起業した。それはなぜか。どんな価値観に突き動かされているのか。もっと自由に働きたい？　それとも、もっと報酬が欲しい？　クリエイターのためになりたい？　だとしたら、なぜ？　僕は自分の墓碑になんと刻まれているど自分を誇らしく思えるのだろう？

そんな自問自答を繰り返した。

そして、僕がたどり着いたのは、「学びたい」だった。

この価値観には、理由などなかった。問いの終着点だった。僕は一生を懸けて学びの熟達者になりたいと考えている。

では、なぜ個人ではなく、会社にしたのだろう？　そして、なぜそれを継続しているのだろう？　そんな自問自答を繰り返した。

そして、たどり着いたのは、「得た学びをコミュニティに移転したい」という自分の欲望だった。学びの連鎖を起こしてみたいのだ。「わかった！」という感覚を個人の脳の中だけでなく、他者との関係でも起こしたい。つまり、「学びの熟達者になり、学びをコミュニティに移転したい」が僕のモノサシだ。

僕のところにはいろいろな仕事の依頼がくる。それら全て、このモノサシを当てる。その企画は、僕の新たな学びになるだろうか。その学びをコミュニティに移転できるだろうか、と問う。そして、もしも「イエス！」であれば、どんな学びが得られて、どう学びを移転するのかと仮説を立てる。

この本の執筆は、「観察力が大切だ」という僕の普段の主張の解像度を上げるし、一緒に仕事をしているマンガ家に、思考をより詳細に伝えるのにも役立つ。だから、僕は受けることにした。

コルクという会社を例に考えてみる。

コルクのミッションは「物語の力で、一人一人の世界を変える」だ。僕は、作家と企画について話すときも、メンバーとグッズやイベントについて話すときも、「物語の力で、一人一人の世界を変えることになるか?」と問う。そして、それはどのくらい変えるのか?　どう変えるのか?　と仮説を立てる。

モノサシは、「北極星」と言い換えることもできる。ブレないからこそ、北極星を道標として仮説と現実の差を観察することができる。

モノサシは、はじめからもっているわけではない。自問自答を繰り返し、たどり着く。「それでいいのだ」と理由もなく納得する答えが出てくるまで繰り返す、を続けるしかない。真似るを続け、型を学んだりする中で、世間を見る解像度が高くなったときに、自分と世間の間に生まれたズレや違和感から思いつくものだ。

創業当初、コルクのミッションは「心に届ける」だった。それは、出版社にいたときに、作品が多くの人に届きにくくなってるなと感じたことから始まった。インターネットによって流通崩壊が起きている。作家が精魂込めて作った作品が届いている感じがしない。だったらネットを使って感動を届ける会社にしよう。そうやって始めたのだが、どうもしっくりこない。

「自分はあの人の心に届けられたか」

日々、自分に問いかけをするのだけど、問いと仮説が連続しない。その違和感について、話し合いを続けた。

そして、まず僕らが物語の力を信じてるんだ、と宣言しないとだめなんじゃないかという考えが浮かんだ。そうすることで、届けるだけじゃなくて、作るところにも関与する会社なんだという自覚がメンバーにも生まれる。しかも「届ける」ではなく、「一人一人の世界を変える」だともっと主体的にグッズやイベントの企画を考えられる。「作品の思想を届けられるグッズか？」と問うより、「作品の思想を伝え、一人一人の世界を変えるほどのグッズか？」と問うほうが、企画が研ぎ澄まされる。

こんなふうに自問自答を繰り返していくことで、僕は自分自身やコルクの価値観をモノサシへと進化させた。

このモノサシは、握りしめすぎると、融通の利かない頑固さを生み出してしまう。あくまでも、現実を観察するための道具であり、アップデートするものだ。そうとらえておくと、仮説を導き出す道具として機能する。

第3章

なぜ観察力が低いのか？

――認知バイアスを武器に変える方法

人は自分が見たいものだけ見ている

「俺の敵はだいたい俺です」

『宇宙兄弟』の中で、ムッタのこんな台詞のシーンがある。

ライバルと競い合うのではなく、自分にできることをやるしかない。ムッタの台詞をそんなふうに受け取るのが一般的だ。

しかし、観察について思考し、バイアスをふまえて考えれば考えるほど、この台詞の深さを感じずにはいられない。この世界を正しく認知し、行動するのを妨げているのは、まさに自分自身の脳なのだ。自分とどう向き合うか。それが結局のところ、全てだ。

自分の存在自体が、気づきを邪魔している身近な例が、最近あった。

僕には3人の息子がいる。息子を見ていると、遺伝子のすごさをまざまざと感じる。というのも、僕の父と息子がまったく同じ表情をするのだ。眉のひそめ方などの、

みんな
宇宙が好きで
やってる人々
だから
いいんじゃ
ないですかね
〝仲間〟って
ことで
…………
じゃあ君には
敵はいないと
……？
いや……
いないと
言うか…
俺の敵は
だいたい
俺です

『宇宙兄弟』（11巻）

ちょっとした表情がまったく同じ。一緒に住んでいるわけでもないのに、こんなところが似るなんて！　しかも、僕を通り越して隔世遺伝するなんて！　と驚いていた。

コロナ禍でオンラインの会議が増えた。写真ではなく表情の動く自分の姿を見て、僕は当たり前のことにやっと気がついた。父と息子が、隔世遺伝で似ているわけではない。僕と父が似ていて、僕と息子が似ているだけなんだ、と。

こんなシンプルなことに気づくのに、どれだけ時間がかかったことか。

これまでもいろいろな人から、父と僕は似ていると言われてきたが、僕自身は、周りが思うほど似ていないと勝手に思っていた。自分の仕草は、動画で撮って見たりしない限り、その特徴を自分では認識できない。自分という存在を観察の対象に入れるのは、本当に難しい。

僕ら自身が観察する主体であるとともに、観察される対象の一部でもある。だから自分の存在を客観的に観察するのは難しい。それを実感する事例は他にもある。そこかしこで耳にする、「地球に優しく」という趣旨の自然保護の活動だ。

自然保護は大切だし、二酸化炭素の排出量を抑えることも大切だ。しかし、それは人間のために大切なのであって、地球のためではない。地球の長い歴史を見ると、動物だけでなく植物ですら、新参者だ。ほとんどの時間、二酸化炭素に覆われていたのが地球にとっての「自然な」状態であり、新しい侵入者である植物によって、酸素という毒を撒き散らされているという見方もできる。もし、地球に意思や好き嫌いがあるとしたら、酸素に覆われている現状は不愉快なものと感じていてもおかしくない。

家の中が汚いときに、家がかわいそうだとは考えない。自分が家を汚したのだから、自分のために家をきれいにしようと思うだけだ。家であれば、自分の存在を意識して思考することができるが、対象が「地球」のように大きくなると途端に客観視することが難しくなる。「地球に優しく」という類いの言葉が使われるのは、地球に感情移入して、みんながやる気になるようにするための、マーケティング手法でしかない。

「それは当然だ。人類に優しく、という意味だとわかっている人がほとんどだ」と反論する人もいるだろう。しかし、僕は「この地球を自分たちの都合のいい場所にしておきたい」という人類の欲望を、観察できていない人が多いのではないかと考える。人類や自分を観察の対象の外側に置いてしまっているのだ。

「認知バイアス」「身体・感情」「コンテクスト」。

観察を阻むことのあるこの3つの要素を僕は「メガネ」と呼んだ。人はこの「メガネ」から、無意識下で必ず影響を受けてしまう。そのことを意識し続けることは相当に難しい。メガネの存在を意識できるかどうかで、観察の結果は自ずと変わってくる。

その中でも、特に観察を歪ませるメガネが、「認知バイアス」だ。

これは、自分の思い込みや周囲の環境といった様々な要因により、非合理な判断をする心理現象のことだが、人はそこから完全に離れることはできない。僕自身を含めて、誰もが何らかの認知バイアスをもち、その影響を受けている。

僕と父が似ている話は、「父親と僕は違う」という定義の中で現実を見ていたところから、歳をとり、「僕と父は同じだ」という定義の中で見るようになったら、気づくことが変わったという話でもある。これも、対象の見え方に、大きな影響を与えている認知バイアスのしわざだ。

僕は心理学者ではないが、どうすれば認知バイアスを観察に活かせるかを知りたくて、相当調べてきた。その上で思うのが、大切なのはバイアスから逃れることではない、ということ。自分は認知バイアスの影響を常に受けていると自覚して、それを意識しながらモノを見たり、判断をしたりすることだ。

本章では観察を歪める認知バイアスのうち、典型的なものをいくつかを見ていった上で、それを武器に変える使い方ができないかという視点で、僕なりの考えを紹介する。

信念を補完し、思い込みを利用する——確証バイアス

僕が編集者として一定の成功を収められたのは、猛烈に確証バイアスが強いからだったと思っている。思い込みが強いから頑張れた。もしも、周りの意見に左右されていたら、成功する前に諦めてしまったかもしれない。成功するまで、失敗は失敗じゃないと考えられる人は、確証バイアスをうまく使っている。

観察には「仮説」が欠かせない。仮説をもちながら世界を観察していると、その仮説を補強する情報ばかりが目に入り、それ以外の情報を排除しやすくなる。それが「確証バイアス」だ。

たとえば、「宇宙」に興味をもつようになると、書店でもネットでも、それに関連する情報ばかりが目につくことになるように。実際には、書店やネット上に宇宙の情報が急に増えたわけではない。自らの関心がそこに集中しただけだ。

僕が小山宙哉と『宇宙兄弟』の連載を考え始めた2008年頃は、一般の人たちの宇宙への関心は今ほど高くなかった。宇宙は、限られた特別な人たちだけの遠いものだと思われていたし、宇宙産業や有人宇宙開発なんてもう終わりだ、といったネガティブな情報もたくさんあった。

しかし、僕は宇宙産業が日本でも一般的になり、多くの人が興味をもつようになることに賭けた。すると、自然とそれを後押ししてくれる情報が目に入るようになり、絶対に大丈夫だ、と確信をもちながら、宇宙をテーマにした作品をつくることを提案した。

確証バイアスと聞くと、一見悪いもののように思えるかもしれない。だが、必ずしもそうではない。むしろ僕は、確証バイアスが人一倍強かったためにヒット作を生み出せたのだ。

『宇宙兄弟』が始まる前の、小山宙哉の才能を信じるという行為も、確証バイアスのおかげだと言えるかもしれない。

講談社のモーニング編集部の新人賞に応募してきた小山さんの作品を読み終えたときに、僕は感動した。「この作品が書店に並んでいたら、僕は間違いなくお金を出して買う！　そして大満足するだろう」と感じた。

新人賞の選考会では、「少し変わった作風だから、売るのは大変じゃないか」という声もあった。そこで先輩編集者の声に従うのではなく、僕はそのような意見を言う人がわかっていないだけだと考えた。そして、選考会のあと、小山さんが当時住んでいた大阪まで新幹線ですぐに会いに行った。「小山さんと一緒に作品を作りたい！」という思いが、内から湧き上がってきて、止められなくなったのだ。

そうして一緒に作った『ハルジャン』というスキージャンプをテーマにした作品は、結果数千部しか売れなかった。モーニングの新人作品としては惨敗だ。しかし、その事実が突きつけられてもなお、「この作品の売れ行きが悪かっただけで、作品自体は素晴らしかった。小山宙哉の才能を世に理解してもらうためにもっと頑張ろう」と自分を奮い立たせた。

小山さんと接していると、彼のちょっとした言葉や喋り方に対しても「井上雄彦さんに似てるぞ。才能の証だ！」といった思いが生じてくる。小山さんはそれまで、定規を使わずにフリーハンドで線を描いていたため、僕は「定規を使って、きれいな線で描いてみてください」とアドバイスをした。

すると彼は、定規にカッターで傷をつけ、揺らぎのある線を描いてきた。その行動に、「素直じゃないし、付き合いづらい」という感想を抱くこともできるかもしれない。だが僕は、「伝えたことを受け入れた上でさらに工夫するなんて、やっぱり本物だ！」と感じ、さらに小山さんに惚れ込んだ。

こういう心の動きも、確証バイアスととらえることができるだろう。バイアスの影響があるかもしれないと、冷静になることはあるものの、そのバイアスによって、相手とより深い関係を築けるなら、僕はいい活用法ではないかと考えている。

平野啓一郎への想いも同様だ。

平野さんは日本人で最もノーベル文学賞にふさわしい人だ、という仮説のもとエージェントをしている。三田紀房さんに対しても然り。三田さんの『クロカン』を読んだときに、この面白さを世に広めたい！　と思い、『ドラゴン桜』を編集した。

自分の仮説を強化する情報を見たときに、それを否定せず、より信じるほうにあえて使う。確証バイアスを意識的に使うことは他者との個人的な関係においては、より相手への尊敬を深めたり、自分の情熱をさらに高めたりといい方向にはたらく。うまくいかないことがあっても、「大丈夫、やれるんだ」と自分を奮い立たせ続けられる。

知識が行動を遅らせる

確証バイアスは武器になるときもあるが、もっとしっかり調べておけばよかった、なぜ周りの声に冷静に耳を傾けなかったのだろう、と後悔するときももちろんある。20代の後半頃にバイアスについて多くを学ぶようになり、確証バイアスに意識的になったため、用心深くなりすぎてしまうことがあった。自分の仮説が正しいと示す情報がどれだけ集まっていても、確証バイアスのせいかもしれないと疑ってしまい、さらに情報を集め続けてしまったのだ。

確証バイアスの影響で、他者を信じすぎるのはいいことだと感じているが、会社の事業だとリスクが見えなくなっているだけではないかと考えて、意思決定が鈍ってしまうことがある。

これまでのマンガは、本として読むために「見開き・モノクロ」が当たり前とされてきた。だが、韓国ではマンガをスマホで読むのが主流となり、「ウェブトゥーン（Ｗｅｂｔｏｏｎ）」と呼ばれている「縦スクロール・オールカラー」のフォーマットが中心となった。

しかし、ウェブトゥーンで読まれているのは、韓国だけ。「見開き・モノクロ」の日本のマンガが広がるのか。「縦スク・オールカラー」の韓国のウェブトゥーンが広がるのか。韓国のマンガは面白いのが少ない。面白くないものが、形式だけ広がるのか？　日本のマンガは十分に読みやすいから、このままで大丈夫ではないか。

スマホゲームが誕生したときに、それまでのゲーム製作者がソーシャルゲームにしたような批判を、僕も韓国マンガにしていた。

作るマンガを、縦スクロールにしたほうがいいのではないか。

縦スクロールのマンガの作り方の研究を開始したほうがいいのではないか。

そんなふうに思いつつも、確証バイアスのせいで、縦スクロールの価値を実際よりも高く見積もっているのかもしれないと躊躇していた。

２０２１年時点（ＳＢ新書『観察力の鍛え方』執筆時）で、韓国だけでなく、アメリカ、中国をはじめとした世界中の人にとって、縦スクロール・オールカラーのマンガを読むのが当たり前になってきていた。普段、日本のマンガを読まない人には、それがすごく自然なフォーマットなのだ。

その圧倒的な勢いを見ていると、もはやこの流れは不可逆だと確信をもった。しかし、僕はそのことに気づくのに6年かかった。縦スクロールの情報は、コルクを創業した2012年から目にしていたというのに。

もちろん、要因は複合的で、自分の成功体験を捨てることができなかったなど、様々な理由があるが、確証バイアスを意識しすぎたことは間違いない。

現実を見ることは、本当に難しい。

現在は、思いっきり方針転換をして、作品の制作体制も中国、韓国を参考にすることにした。日本のマンガのほうが進んでいると考えることをやめた。スタジオ形式にして、複数のマンガ家がチームを組んで一つの作品を仕上げるようにした。まずは、縦スクロール・オールカラーの作品を仕上げて、そのあと、見開きのマンガを作る。製作の順番を今までと完全に逆にした。

バイアスは、進化の過程で獲得された。だから、否定するのではなく、どう使うのかが重要なのだと痛感している。

“便利さ”は面白いを圧倒的に超える

僕が縦スクロールのマンガを作るのを中心にしようと決断するのに、6年かかった。僕は「面白い」ものを作ろうとしているので、面白いことへの価値を高く感じている。便利なものを作り出したいわけではない。だから、便利なものの価値を低く見積もることが起きやすい思考法をしている。

資料として、ドキュメンタリーや映画を観ることがよくある。仕事として観るといっても、面白いものは面白い。寝る間を惜しんでも、DVDなどを観ていた。しかし、NetflixやAmazon primeで映像を観ることが日常になっていると、DVDを注文して、機械に入れて再生するということの手間が今まで以上に面倒に感じる。配信サービスの登場によって、不便で腰が重くなってしまった。

そのことを意識していたときに、同じことがマンガでも起きていると気づいた。

僕の手元には、たくさんの原稿が送られてくる。昔は、会社で待ち、FAXで受け取っていたが、今はスマホで受け取って読む。新人の作品もベテランの作品も同じように送られてくる。

締切が迫っているもの、先が気になっている連載中の面白い作品からついつい読んでしまうものである。新人の作品は、直しのポイントを考える必要があるから後回しになりがちである。

それなのに、なぜか新人の作品を先に読んで、返信をしている。見開きの作品は、たとえ中身が面白くても、じっくり読めるときにしようと取っておいたりする。縦スクロールで送られてくる作品は、移動中にスマホでサクッと確認してしまう。

マンガというものが大好きな僕ですらこのような行動に変化しているということは、スマホでマンガを読むのが当たり前の10代前半の人たちは、縦スクロールの作品をどんどん読むようになっていくことが予想できる。

縦スクロールの作品に面白いものがないのは、フォーマットに問題があるのではなく、まだ作家が現れてないだけだと考えるようになった。

メディアが変わるとコンテンツが変わる、とよく言われる。しかし、古いメディアのコンテンツに慣れていると、新しいメディアでもついつい古いコンテンツを見たくなってしまう。

今は、VRにAR、メタバースと、新しいメディアが登場してきている。コンテンツのあり方もずっと変化し続ける。僕らにとって、触れやすい、接しやすいことも面白さには重要で、変化の時代は、経験が有利に働くとは限らない。

悲観を準備する力に変える——ネガティビティバイアス

『ドラゴン桜』を連載している頃、認知バイアスのことを調べる中で、自分はネガティビティバイアスに大きな影響を受けていると気づいた。

未来のポジティブなことは漠然としたイメージしか抱くことができないけれど、ネガティブなことは、すぐに仔細に思い浮かぶ。だからといって、ネガティブなことがそれだけ起きやすいかというとそんなことはない。なのに、悲観的になってしまう。人はポジティブな情報より、ネガティブな情報に注意を向けやすく、記憶にも残りやすい。これは「ネガティビティバイアス」と呼ばれる。

哲学者アランが『幸福論』で指摘した「悲観主義は気分だが、楽観主義は意志である」

という有名な言葉は、人間とはネガティビティバイアスに影響されている状態が一般的で、悲観を抑え、楽観的に思考するには意志の力が必要だということを簡潔に説明している。

自然の中で暮らしていてどこに危険が潜んでいるかわからない時代は、悲観的であることが、人の生存を助けたのだろう。バイアスが、判断の時間を短縮し、人を助けた。しかし、社会は基本的に安全になった。なのに、ネガティビティバイアスがはたらき、必要以上に人を不安に陥れ、行動を阻害している可能性がある。

特に、しっかりと勉強ができる人は、失敗のあり方も多様に想像できる。だから、より怖くなって、行動しない理由を論理的に説明できてしまう。
たとえば、自然災害が起きるかもしれない、事故に遭うかもしれない、お金がなくなるかもしれない、死んでしまうかもしれない、といったように。しかし、うまくいく姿は、凡庸でどれも似たようなものになってしまう。目指す成功に多様性はない。
トルストイは『アンナ・カレーニナ』の冒頭で「幸福な家庭はどれも似たものだが、不幸な家庭はいずれもそれぞれに不幸なものである」と綴っているが、家庭だけに限った話ではない。人生も同じである。今に集中できず、未来を想像するとき、頭の中を埋めるのは失敗ばかりだ。

ここで重要なのは、失敗の姿が多様なことと、失敗する確率が高いことは別である、と知ることだ。思い浮かぶ幸せの姿が1％で、残り99％が失敗の姿だとしても、確率99％で失敗するわけではない。思い浮かぶ失敗の姿の多様さに、そればかりを想像して行動を控えがちになってしまうが、いざ動いてみるとあっさりと実現し、拍子抜けすることは多い。

起きていることは全て正しい

僕自身、ネガティィビティバイアスの影響を受けすぎないようにするために、意識して取り組んだことがある。それは、「振り返り」の時間をしっかりとること。行動の前に、自分の不安な心にたっぷり向き合う。その上で行動に移し、振り返ってみる。すると、「イメージしていた不安」は、実際には起きないことがほとんどだった。

ネガティィビティバイアスは、視点を変えると、「準備する力」とも言える。

心配性の人が抱えている問題は、心配性なことにあるのではない。予測外の出来事が起きたときに、うまく対応できないことにある。事前に様々なパターンを予測し、準備をする。予測通りにいかなかったときに、現実を受け入れることができないと行動を控えるようになってしまう。僕自身もそんなにうまく動けていたわけではなく、よく憤っていた。

僕が20代の頃、その様子を見ていた、早逝してしまった瀧本哲史さんから、こんなことを言われた。「『起きていることは全て正しい』と思うことは大切ですよ」

そのときは、そんなはずがない、正しくないことを正していくことが大事だ、と思ったけれど、この言葉はいろいろな場面で頭をよぎるようになった。そして、納得がいかない場面では、心の中で「起きていることは全て正しい」と一度、口にするようにした。すると、正しくないと思わせているのは、自分のこだわりでしかないと気づかされた。その状況をすっと受け入れ、次にどうするか、考えることができるようになった。

最近は、瞑想をするので、お坊さんの話を聞く。お坊さんからは、どんなことが起きても「そういうものだ」と一度、心の中で唱えてみるといいとアドバイスを受けた。僕が経験することなど、たいてい誰かがすでに経験している。特別に悲惨な目にあっているわけでもない。人生とはそういうものだ。なのに、なぜか自分だけ都合よくことが進めばと思ってしまっている。

「そういうものだ」とつぶやくと、目の前のことを受け流せる。

僕は「ちょうどいい機会だ」と心の中で唱えることも習慣にしている。起きた出来事を変化のきっかけにしてしまうのだ。

ネガティビティバイアスを使って、不安になることをたくさん想像して、事前の準備はしっかりしておく。そして、本番では「予想外のことが起きるのは正しいこと、そういうものだ」と思い、その瞬間を楽しむようにしている。想像通りにいかないことを楽しめるようになると、行動することが怖くなくなる。

みんなの意見に流されていないか——同調バイアス

僕はコロナ禍で、福岡に移住した。移住の理由は、複合的なのだが、同調バイアスを意識したことも理由の一つだ。「日本は同調圧力が強い国だ」とよく言われる。しかし、同調バイアスの影響を受ける人が多い国民性、というのが正確ではないかと考えている。

同調バイアスとは、自分の持論に反したとしても、「みんながそう言っているから」と大勢の意見を支持することだ。これは、どんな人でも例外ではいられない。国や企業のトップであっても影響を受ける。しかし、みんなの意見がいつも正しいとは限らない。バイアスについて調べてきた僕も、気づくと同調バイアスに陥っていて、ハッとすることがある。

コルクを起業してから、ベンチャー起業家との付き合いが増えた。この10年、ベンチャーをめぐる環境は、飛躍的に良くなり、友人が次々、会社を上場させている。彼らとの付き合いからは、いい刺激を受ける。親友になった人もいる。誰も僕に上場をすすめたりはしない。なのに、そのコミュニティにいると、上場を目指すほうがいいのではないか、という疑念が湧いてくる。

僕自身はコルクを上場させようとは思っていない。「物語の力で、一人一人の世界を変える」というミッションのために、上場という手段をとる必要はないと今は判断しているからだ。上場に関する問いは、一度しっかりと考えているはずなのだが、べンチャーコミュニティにいると自然と同じ問いが何度も去来してしまう。ついには、上場を目指さないことは、自分の甘えではないか、という考えさえ頭をよぎる。僕にはそれをコントロールすることはできない。

人は誰しも同調バイアスから逃れることができない。

できることは、その影響をなるべく受けず、本当に自分がやりたいことは何か、そのために今自分は何に時間を使うべきか、など大切にしている軸からブレないようにすることだけだ。

40代の10年間は、不惑の10年である。自分が何をする人なのか、自分で深く理解するために時間を使いたい。そのためには、住む場所から変えてしまうのがいいのではないか。そんなふうに考えて、福岡に移住した。

また、同調バイアスの影響について、自分だけでなく、周りの人が受けていないかにも意識的であるようにしている。

ものづくりは、孤独な作業だとよく言われる。同調バイアスの影響を受けない中で作られるから、個性的なものができる。今まで、マンガ家と編集者は、一対一で話し合いをしていた。その環境も同調バイアスが生まれにくい。

しかし、今の僕は、コルクスタジオという仕組みの中で、マンガ家たちとチームになって、一つの作品を作っている。クリエイターであっても、同調バイアスの影響は受ける。複数人で作っていると、よりいいものができるのではなく、同調バイアスで凡庸なものができあがってしまう危険は高まる。

それは、コルクという組織においても同様だ。社長という立場になり、年齢が上がって、周りには年下が増えた。僕としては「あなたを対等と認めて議論している」という気持ちで、今までと同じ感覚で発言していたのだが、そうすると組織に同調バイアスがはたらき、僕の意見がなんとなく正しい雰囲気になる（この後、説明するハロー効果もはたらいている）。

世間を驚かす創作をするためには、全員が率直に意見を言って、アイディアを磨き合う必要がある。その場にいるメンバーの心理的安全性をどのように確保するのか。どんな発言、行動をしても、チームから存在を否定されないと感じるのが、心理的安全性だ。心理的安全性を感じて、発言できているときは、同調バイアスから自由であると言える。最近の僕の興味は、自分がどうすれば同調バイアスから自由になれるかではなく、心理的安全性のあるチームにどう変われるかになってきている。

オンライン会議を解析し「心理的安全性」を確保

前回の本（『観察力の鍛え方』）を出してから3年。僕は、心理的安全性を確保するためのいくつかの取り組みを行っている。まずはスペインでサッカーの指導者をしていた経験をもつ、佐伯夕利子さんにお願いしているコーチングだ。

ヨーロッパのサッカーでは、それぞれのコーチが指導しているところをビデオに録画して、その動画をコーチ陣全体で振り返るそうだ。気づいたことをお互いにシェアし合って、選手への接し方をより良いものへと変えていくための仕組みができあがっている。

そこで僕は、コルクの若手や新人マンガ家とオンラインミーティングしている動画を佐伯さんに送り、コーチングをお願いした。佐伯さんに動画を見てもらって、感じたことを率直にフィードバックしてもらう。そうした振り返りを何度も繰り返している。

そうして気づいたのが、僕の接し方の癖だ。僕は講談社に新卒入社して、モーニング編集部に配属されて、いきなり大物作家たちと仕事をさせてもらうことになった。相手は大ベテランで、こちらは新人編集者。だけど、それに怖気づいていたら仕事にならないし、相手にも失礼だ。ハッタリでもいいから、堂々と話す。そうすることで相手と信頼関係が生まれると考えていた。

僕自身、それを成功体験だととらえてはいなかったが、無意識のうちに成功体験として蓄積されていたらしい。相手が誰であろうと、物怖じせずにハッキリ伝える。それが僕のスタイルとして定着していることが、様々な打ち合わせの動画を見ていくなかで、自分で気づくことができた。

このスタイルがいい方向に転ぶこともあれば、悪い方向に転ぶこともある。ベテラン作家に接するような態度で、新人作家とも接してしまっているので、相手が威圧感を抱いてしまうことがある。要は、相手に合わせた接し方ができていないのだ。

こうした気づきを得る機会をもっと仕組み化したいと思い、コルクではI'm besideyouという会社と新しい試みを始めた。I'm besideyouは、オンラインミーティングのデータを動画AIで解析し、どのような傾向があるのかを分析すると共に、健全でより良い社内のコミュニケーションを提案してくれる。そんなサービスを提供しているスタートアップである。

僕は、若手社員とオンラインミーティングした際の会話データを、ＣｈａｔＧＰＴに読み込んでもらい、「相手の心理的安全性をおびやかしている箇所を教えて」と依頼した。すると、即座に提案が返ってきた。

そのシーンを見返してみると、相手のためを思って言ってはいるけれど、相手の立場を理解した発言になっていないことが、僕にも一瞬でわかった。ビデオに映っている自分の姿を客観的に見ると、それが明らかすぎて、笑えるほどでもあった。

ミーティング中は、どうやったら相手に伝わるかを一生懸命考えているので、自分を客観的に見ることは難しい。自分としては最善を尽くしたつもりだし、「きっと伝わっているだろう」という無意識の願望があるため、どうしてもバイアスが生じてしまう。

だが、こうしてＡＩから冷静に指摘され、ビデオに映し出された自分の姿を見ると、そこに言い逃れの余地はない。自分の振る舞いを変えていかねばと素直に受け止めることができた。

ここ最近、スポーツ界ではビデオ判定の導入が進んでいる。人間のレフェリーによる主観的な判定だけでなく、テクノロジーによる客観的な判定が加わることで、選手も観客も納得感をもって判定を受け入れやすくなってきている。それと同じようなことが、様々な現場で起こるのではないだろうか。

どんな時代になっても、どんな環境においても、人間同士のコミュニケーションの健全さを高めることは重要だ。それを、テクノロジーやＡＩが助けてくれる。そんな時代が訪れると、絆のあり方も変わるのだろうか。

ルーティンを変えることは難しい

会社経営をしていて難しいと思うのは、いわゆるルーティン業務を変えるといった変化を、多くの社員は望んでいないことだ。

必要な製品を必要なときに、必要なだけ作る。ムダを省き、いわゆるジャスト・イン・タイムを実現するために、トヨタ自動車が生み出した生産管理方式「カンバン方式」がある。このカンバン方式を体系化したのは、トヨタ自動車で副社長まで務めた、大野耐一さんという方である。

大野さんの著書を読んだときに、カンバン方式を最初に導入したときには、社員から吊るし上げられたと書いてあった。当初、社員は、カンバン方式が自分たちの仕事をやりづらくするものだと感じていた。しかし結果的には数年後に、成果のある改善であることを社員が理解し、大野さんに謝ったそうだ。今まで行ってきたことを変えるのは、それほど大変だという例だと感じたし、深い意味を持つエピソードだとも思う。

このように、多くの人にとって本当はよいことであっても、反対してしまうことがある。では反対を抑え、スムーズに変化を実行するには、どうすればよいのか。ここでも重要になってくるのが、客観性だ。データなど、状況が改善することを示す情報、エビデンスである。

データや数字などのエビデンスは、自分自身が意思決定する上でも重要だ。ただし、ここでも気をつけなければいけないことがある。データの見せ方だ。こんな数字が出ています。だから、今のやり方は変えるべき。

相手に反論の余地を与えない。絶対にこちらが正しい。そのような関係性やコミュニケーションで強制的に行おうとすると、正しいことであっても反発を招くことがあるからだ。

だからこの手のデータは、上から強制的に見せるのではなく、誰もが自然に見られるようにしておく。そして、社員自らがその情報を見て、自分で考え、納得して変化していく。そのような感じがちょうどいいと、僕は考えている。

レッテルを貼らず〝今〟の相手を見る——ハロー効果

偉い人や有名な人を前にすると、自分の意見よりも相手の意見が正しいんじゃないかと思い込んでしまう。それは誰にでもある思考で、僕自身も無関係ではいられない。バイアスから自由であることは難しい。コルクを創業した時、そう痛感することが多かった。

創業してまもなくの時期、ありがたいことにいろいろな人が採用の面接を受けに来てくれた。その中でも、大手企業出身の人が現れると、「お、この人はいいんじゃないか！」と思ってしまう。創業したばかりで自分の会社がまだ何者でもないときに、「大手企業」のキャリアを捨てて、コルクを選んでくれる。「この会社から来てくれるなら大丈夫だろう！」と思い込んでしまう自分がいた。

これは、典型的な「ハロー効果」というバイアスだ。

「ハロー効果」は、「後光効果」とも呼ばれている。ある人物や物事を評価する際に、顕著に目立つある特徴に引きずられて、他の特徴の評価が歪められる傾向を示している。先ほどの同調バイアスは、場の空気に従って、自分の意見よりも周りの意見を正しいと思ってしまうバイアスだが、ハロー効果は、相手の権威や所属・知名度などに引きずられて判断を歪めてしまうことだ。

当時の僕は、面接を受けている本人の人となりを今と比べるとしっかり見ることができていなかった。経歴によるハロー効果の影響を受けながら、相手を判断していた。本来あるべき採用とは、その人の能力はもちろん、会社の成長段階に合わせた組織との相性も考えるべきものなのに。

採用の際に、相手の経歴をまったく見ずに選考するという流れは世界的にあるが、それは、どんな採用のプロであっても、ハロー効果というバイアスから自由になるのは難しいということを物語っている。

世の中を見回しても、ハロー効果によって、誤った情報を信じ込んでいる事例はたくさんある。

「ビタミンCが風邪予防に効く」と耳にしたことがある人は多いのではないか。

1954年にノーベル化学賞を受賞したライナス・ポーリングという学者が提唱した考え方だが、実は科学的エビデンスは不確かだとされている。しかし、多くの人は「ノーベル賞を受賞した人がそう言うなら事実だろう」と信じ込み、製薬会社も氏の主張に便乗、今でも世界中で真実だと思われて、「ビタミンC」入りを宣伝に使う商品は多い。ハロー効果の存在を知ってもなお、ビタミンCをつい手にとってしまう。そんな現象を見ると、バイアスの強力さを感じずにはいられない。

認知バイアスは、人の判断を歪ませる。ハロー効果は、日常の中に仕組みとして入り込んでいるので、意識するのが難しい。面接の時に、経歴を聞くことなど、当たり前の行為だと思うから、疑うことすらなかなかできない。

一期一会の感覚が人生を豊かにする

ハロー効果の大きな弊害は、相手にレッテルを貼り、観察を止めてしまうことだ。

大企業出身だから能力が高い、ノーベル賞受賞者だから正しいことを言う。こうして人は、相手に何らかのレッテルを貼って、その人を理解した気になり、本質を観察しようという努力を放棄してしまう。

学歴や地位は、相手を推測しやすい情報だが、その分、観察が止まりやすい。

僕が「灘高・東大出身」だと知ると、相手は僕に対する観察をやめてしまう。そのことについて、ずっと心のどこかで引っかかっていた。

たしかに、会社員だった頃には「灘高・東大」の学歴が信頼に直結して、恩恵を受けたこともあった。だが、独立して、会社を起こした後に、個人として相手と関係を築こうとすると、学歴やベンチャー創業者という肩書きが邪魔をして、相手と理解し合う前に、壁を作られるような感覚があった。

多くの人は僕がいろんなことを知っている人だと思い込む。

しかし決してそんなことはない。その学歴が示すのは、高校・大学受験期に受験勉強をしっかりやったという程度の証明にすぎない。そこには、半年から1年間の単純作業を我慢できたということ以上の情報はない。僕がいろんなことに精通していて、正しいことを言う人だ、と思うのは、バイアスだ。実際に、失敗もたくさんするし、人間的な課題だって抱えている。

全ての人と一期一会の感覚で向き合うことが、人生を豊かにすることだ。僕はそう考えている。

ハロー効果は、その思想の邪魔をする。ハロー効果で、メンバーやスタッフとの間に、レッテルを貼った関係が築かれてしまっては、アウトプットにも影響を及ぼす。だから僕は「正解を知っていそうな佐渡島庸平」という相手のイメージを崩しにかかる。


そこには僕の原体験がある。

中学生の頃、両親の仕事の関係で、3年間を南アフリカ共和国で過ごした。1990年代前半はちょうど時代の変革期だった。ネルソン・マンデラが釈放され、デ・クラークがアパルトヘイトを撤廃してから、マンデラが大統領になるまで暮らしていた。日本人は、名誉白人として扱われていて、片付けも掃除も全部、メイドがやってくれる生活だった。日本と南アフリカ。住む場所が変わっただけで、僕は何の努力もしていない。でも、扱われ方はまるで変わってしまった。

僕の人生は、日本に、今、この時代に生まれた運だけで成り立っていると強く感じた。運だけで、人間的な差などない。人は皆、同じ。そのような感覚をもって、人を観たい。人と接したいと強く思った。

僕は、社会的に肩書きのある目上の人にも、物怖じせずに話せるのがすごいとよく言われてきた。だが、それは性格のためではない。肩書きや経歴といったものに、自分の態度が影響を受けることに敏感でありたいからだ。バイアスのせいで、他人への理解が疎かになってしまいたくない。ハロー効果の影響を受けずに、対等に話そうとしていただけだった。

最近、クリシュナムルティという思想家の言葉に大きな影響を受けている。彼の言葉に、こんなものがある。

「彼はこんな人だ」と言わずに、「二月に彼はこんな人だった」と言うことがとても重要です。なぜなら、その年の終わりには、まったく違っているかもしれないからです。

重要なのは、自分の先入観や固定観念、意見ではなく、いつも溌剌とした心をもって他の人間に会うことです。

その人を今のその人として観る。ネットを通じて、過去の発言や行動が簡単に蓄積でき、参照できるようになってきた。一貫性をもつ人が素晴らしいという価値観が優勢なのは、今のその人を観察して、理解して、判断することが難しいからだろう。それでも、今のその人を観ようと挑戦したいと僕は考える。

成功者の話を真に受けすぎない――生存者バイアス

サイコロを振ったときにどの面が出るかわからないように、本来人生とはどのようになるかわからないものだ。成功している人も、その人のやり方が正しかったからだとは限らない。ただ運がよかっただけの可能性もある。

しかし、成功した人の意見には特別な何かがあると思ってしまうのが、「生存者バイアス」だ。

生存者バイアスとは、成功した人や組織の経験・事例ばかりに着目し、失敗した人の経験・事例が見えなくなることを指す。このバイアスは成功した人自身にもはたらくし、周囲の人たちにも同様にはたらく。成功した人は、自分たちの経験をすごく価値のあることだと思って話すし、周りもそれに耳を傾ける。

たとえば、取材やコメントを求めてくるメディアの人たちにしても、同様だろう。僕の考え方を知りたいと思ってくれること自体はありがたいが、実際に僕がしてきた努力や経験と、僕が今いる場所に実際の因果関係があるかどうかは誰もわからない。生存者バイアスというメガネによって、僕が言っていることに価値があるとみんなが判断している可能性もある。

成功者が語る因果関係は、生存者バイアスがかかっているかもしれない。そのように理解して、差し引いて話を聞くようにするほうがいい。

同時に大切なのは、失敗した人の話に耳を傾けることだ。僕自身もこのバイアスについて知るまでは、自分がうまくいった要因だと感じたことを、人にアドバイスすることがあった。だが、バイアスの存在を知ってからは、自分の発言を相手がどう受け取るかについて、かなり考えるようになった。

僕が主宰しているオンラインコミュニティのコルクラボでのメンバーとの関係性も

変化している。以前は、入会してくれたということは僕に興味をもってくれているからではないかと考え、メンバーが悩みを投稿したら「こうしたらいいと思う」といった類いのアドバイスをしていた。

しかし徐々に、僕のアドバイスは生存者バイアスがかかったアドバイスだから、メンバーにとって有益とは限らないと考えるようになり、今ではあえてアドバイスをしないという態度をとるようになった。

もちろんケース・バイ・ケースだろう。一言のアドバイスが、相手の人生を好転させることもあるのかもしれない。

けれど、必ずしも課題解決がその人にとって最善とは限らない。僕の言葉を相手がどう受け止めるのか。僕が示す課題解決のやり方が、その人にとってのベストであるか。それはわからないものだという視点を常に忘れないようにしたい。

本書で紹介することも、僕にとって有効な考えであって、読んだ人にとっても同じように有効かどうかは正直わからない。「佐渡島はこう考えているんだな。だったら私はこうしてみよう」くらいに差し引いて読むのがいいのだと思う。この本も読み手にとっての観察の対象にすぎないのだ。

問題の原因を人の能力に求めない——根本的な帰属の誤り

子育てをしていて、僕は自分のことを嫌になることがある。それは子どもを怒ったあとだ。

「何やってるんだ！」そんな言葉で子どもを叱ったあとに、自分のほうが悪かったと反省をする。そのことを意識するようになったのは「根本的な帰属の誤り」というバイアスへの理解の深まりだ。

僕には3人の息子がいるが、特に怒ってしまうことが多いのは、長男だ。彼はそこそこ大変なアレルギーもちで、癇癪を起こして暴れたり、弟に意地悪をしたりもする。それに対して、あまりに話し合いができない状態になると、「この家に住み続けたいなら言うことを聞きなさい」という条件を出したり、怖い顔や押さえつけるなどの力による恐怖を使ったりして、息子をコントロールしようとする。だが、冷静になって振り返ると、長男が感情を抑えきれずに暴走してしまうのは、アレルギーがひどくなっているときがほとんどだ。

なのに、暴れる長男に対して、それは性格のせいではないか、その人格のままだと将来困るのではないかと、勝手に決めつけてしまう。これは、「根本的な帰属の誤り」というバイアスによるものだ。本当は人格の問題ではなく、別に問題があるはずなのに、問題の原因をその人の性質に求めてしまう。このバイアスの存在を知ってからは、長男を怒ったあとに、必ず自分の行為を振り返るようにしている。

根本的な帰属の誤りは、仕事などあらゆるところで頻繁に見られるバイアスだ。以前はコルクのメンバーが、僕の期待した通りに仕事ができなかったときには「なぜそんなに本気になれないんだ？」と問いただしていた。本気で取り組んでいるのなら、やり方がわからなければ僕に聞いてくるはずだ。その発想がないのは、本気さが足りないからだ、と。僕は、うまく動けない原因を相手の「やる気」や「本気度」といった姿勢にあると考えていた。

だが、実際のところ、コルクという組織がまだベンチャーで仕組みが整っていないために、どこから動けばいいのかわからない、ということはたくさんある。会社の仕組みに問題があるのに、それをメンバー個人の能力の問題だと安易に結論づけてしまう。そもそも、やる気の表れ方は人によってそれぞれだ。ていねいにやろうとしてゆっくり見える人もいるだろう。やる気があるときは、スピード感があるというのは、僕の価値観だ。僕の基準で相手のやる気を測ること自体に無理がある。

人は問題が起きたときに、相手の性格や能力のせいだと考えてしまいがちだ。だが実際は、仕組みや運用に課題があることも多いし、たった一つルールを変えるだけで人の行動がガラッと変わってしまうことだってある。

たとえば、会議で参加者が自分の意見をなかなか言わない。今まであれば、やる気がある人はしっかり意見を言うように、と発破をかけていた。だが、意見を言うことのハードルは人それぞれで、言うか言わないかはやる気とは関係ない。最近の僕は、一つのルールを決めてみることを取り入れている。

その中の一つが、どんな意見にも「必ず一つ修正点を言おう」だ。修正点を言うことが相手の否定にはならないと、仕組みで認識をそろえる。それがルールだと思うと、意見することが前提となり、みんなが言いやすい雰囲気ができる。

「根本的な帰属の誤り」というバイアスを知るまでは、意見が言えない人に対して、「まだまだ考えが足りないんだ。もっと自分の頭で考えよう」などと人の能力に問題を帰属させてしまい、解決を遅らせてしまっていたと思う。

そうではなく、実際の会議の様子をみて、それが仕組みとして機能したかどうかを観察して、次の改善を考えるのが、僕の最近のやり方だ。

アドラー心理学では、「人々は敵ではなくて仲間である」という共同体感覚が論じられている。相手に原因があると思ってしまいがちなのは、認知バイアスによるところが大きい。本来は、ほぼ全ての人が、その人なりの良さを社会に還元しようと動いている。しかし、良さの概念が、人ごとにずれているから、悪意と感じてしまう。そこに、その人の善意を感じ取れる観察力を僕は身につけようとしている。

現代の魔女狩りとは何か——後知恵バイアス・正常性バイアス

人は簡単に人を批判する。自分だったら絶対にそんなふうにはしなかったという自信とともに。

本当に自分がその状況にいたら、どんな意思決定をしていたかはわからないが、自分だったらこうしていた、と述べたくなる。これは「後知恵バイアス」によって起きていることが多い。「後知恵バイアス」とは、物事が起きてから、それが予測可能だったと考える傾向を指す。

ＳＮＳの時代になって、政治家のいろんな決断に対して、その対応が批判され、炎上することが増えたように思う。しかし、実は国が行うことには個性を出す余地がなく、論理的に意思決定がなされるため、ほとんど同じ意思決定にならざるを得ない。そのため、その意思決定時に、意思決定権者はどのような情報を持っていたのか、手元に集まる情報の質はどうだったのか、情報が集まる仕組みは最善だったか、という枠組みに対して疑問を持ち、改善させていったほうがいいのではないかと僕は考えている。政治家だけではない。企業や個人にしても、裏にはいろんな事情があることが多い。その事情を理解せずに、批判してもあまり意味がないのではないか。

僕はサラリーマンとして編集者をしていたとき、「もっとこうしたらヒットしたのに」「マンガ業界は、こうあったほうがいい」といったことを飲み屋で飲みながら、話すのを楽しんでいた。冷静に自分の行動を振り返ると、後知恵バイアスで、安全地帯から吠えていただけで、10年、20年経っても同じように吠えていたら、カッコ悪いなとふと思った。俺だったらできると言うよりも、できなくて悔しい！　と叫んでる人のほうが僕にはカッコよく感じる。なぜ起業したのかと聞かれるのだが、後知恵バイアスで、したり顔で話している自分に気づいたとき、そのカッコ悪さに自分で耐えきれず、行動しなくては、と思ったというのが僕の正確な気持ちかもしれない。

炎上はなぜ起きるのか

他者を批判するときには、もう一つの認知バイアスがはたらいている可能性がある。それは、先ほど紹介した「根本的な帰属の誤り」だ。

人が何かを観察すると、帰属バイアスが自然とはたらく。その人の意思決定は、環境による要因が大きくても、その人の能力と意思によるものだと、思ってしまう。そして、環境ではなく、個人を批判してしまう。

マスコミやSNSで批判されている政治家や企業やタレントは、ほとんどが帰属バイアスと後知恵バイアスの被害者だと僕は感じている。その2つのバイアスが組み合わさって、「魔女」のできあがりだ。

昔の魔女狩りと同じことが形を変えて、現代でも再現されている。昔は火炙りになり殺されたが、今はマスコミ、SNSで集中砲火にあい、社会的地位から引きずりおろされる。命まではとられなくなった分、文明が進化したとも言える。

本人の意思や能力が本当に問題であれば、魔女がいなくなれば状態は改善されるはずだが、環境、仕組みが要因だから、何も変わらない。そして、また次の魔女を探しにかかる。リーダーを担える能力と気概がある人が、社会から排除されていき、緩やかに社会は弱体化していく。

SNSとうまく付き合わなくてはいけないということはよく言われるが、むしろ、この2つのバイアスとうまく付き合っていくことが大切なのだと思う。他の多くのバイアスは、自分への影響が大きいが、この2つのバイアスは、他者への影響が大きい。自分が正義の側にいると思って、他者を攻撃してしまう。

そして、集団で正義として攻撃するため、その間違いに気づくことも少なく、償うこともない。薬害エイズ事件、リクルート事件、ライブドア事件などは、後知恵バイアスと根本的な帰属の誤りの典型のように僕には思える。もう社会的には結論が出た事件であり、僕は何一つ詳細な情報をもっているわけではないので、極端な試論でしかないのだが。優秀な人、立場がある人でも、そんなに未来を見渡せるわけでない。

後から、それはできたはずだという指摘をするのはバイアスへの理解がないように感じてしまう。

正常性バイアスというのもある。

これは、異常事態になった時に、パニックになるのを防ぐために、予期せぬ出来事には鈍感に反応するバイアスである。新しい出来事にぶち当たった人には、正常性バイアスがはたらいて特別な対応を取らないのは一般的だ。だから、後知恵バイアスで他者の行動を非難するときは、相手に正常性バイアスが起きてしまうことを許容していないようにも感じる。

昔の人たちは、この2つのバイアスで間違った判断をしすぎるのを防ぐために、「妖精」を考え出したのかなと僕は思う。

妖精や妖怪、お化けを考え出した人、いや、それを生み出した人類全体の叡智のすごさに僕は感動する。もしも、起きている問題が、妖精のせいであれば、個人を責める必要がなくなる。集団全体の気持ちが、個人の人格へと執着するのを防ぐ。代わりに、妖精の気持ちを鎮めるための儀式が必要になるのだ。儀式をしながら、仕組みの改善を試していく。

妖精は、昔の人たちが、無知だから信じてしまった迷信ではない。対立を生み出すことなく、バイアスから自分たちを守る、人間ならではの知恵なのではないか。その知恵を僕たちは、科学的であることが正義であるという考えの下に捨ててしまった。そして、バイアスから社会と個人の身を守る方法を失ってしまっているように感じる。

僕は、個人的な工夫として、帰属バイアスと後知恵バイアスの存在を知ってから、「こうしたらいい」という批判的意見に関しては、未来のことに対してのみ述べようと意識をするようになった。以前は、過去、すでに起きたことに対して、「こうやったらよかったのに。僕だったらこうしただろう」といった発言をしていたが、それが無責任な、現実味のないアイディアでしかないと考えるようになった。

誰もが自分の立場から自由に発言をしても、世の中は良くならない。今の時代に適応した、妖精をまた再発明することが、必要なのだと思う。

そして、編集者という僕の仕事は、物語を生み出すことで、今の時代に合った妖精が生み出せないかという試みでもあると意識している。

現実を見る準備はできているか

バイアスは、ヒトという種が生き延びるために遺伝を使って作り上げた、偉大な仕組みでもある。できるだけ多くの判断を、意識下ではなく、無意識下で速く行えるように、僕らの意識では簡単にイメージできないくらいの時間をかけて、バイアスが作られていった。だから、バイアスを全否定する必要はない。バイアスが正しいことも多い。バイアスを武器にするために、バイアスを意識できるようにする。

そのために、僕が使っているのは、「問い」だ。

情報に触れて、その情報をいいと思ったとする。それは、確証バイアスかもしれない。「自分が観たい情報だけを観ているんじゃないか」という問いを発し、逆の情報も集めにいってみる。

悲観的な思考を頭から拭えないときは、ネガティビティバイアスの可能性がある。悪いことの確率を大きく見積もっていないか、と問う。そして、良いことの起きる確率と比較してみる。悪いことのパターンが思いついているだけということも多い。

同時に、何も問題がないと感じているときは、正常性バイアスがはたらいているかもしれないと認識し、どれくらいの異常値なのかを調べにいく。

自分の意見がメジャーサイドなときは、同調バイアスがはたらいているかもしれない。意思決定のときに、人の意見に左右される機会はあったのかを振り返る。気づかないうちに、周囲の様子をうかがい、周りに合わせた判断をしようとしていないか、問う。

相手が複数のジャンルで才能を発揮すると思っているときは、ハロー効果の可能性がある。人は、環境によって才能を発揮する。万能な才能というのはない。相手の長所を必要以上に評価していないか、と問う。

成功者の意見を聞くときは、常に生存者バイアスが起きる可能性がある。そもそも成功とは、金銭的な成功だけを指すわけではないが、それを成功と思ってしまう。その成功者が語る内容に、再現性はあるのか。何を成功ととらえ、何が成功の要因なのかと問う。トラブルが起きたときに、ある個人が悪いと思ったら、根本的な帰属の誤りが起きている。個人に悪意はなく、責任はないとした場合、原因はなんだろうかと問う。

「こうすればうまくいったのに」と批判する気持ちが起きた時は、後知恵バイアスだ。自分がその状況にいたら、どんな情報をもちえたのか。その時点で知り得たこと、その人から見ていた景色はなんだろうと問う。

僕は、バイアスについて知るなかで、このような思考が自分の中に芽生えたら、一度、判断するのを保留にして、毎回、同じような問いを立て、状況を観察することを習慣にしてきた。

未知のことにどれだけワクワクできるか

判断をすることも、判断を保留にすることも、どちらもすごく疲れることだ。現代に生きる僕たちは、自分たちが動物であることを忘れてしまいがちだが、ヒトは動物だ。動物の世界では、判断が遅れると、生き延びることができない。肉食動物に狙われたとき、危険を察知できるか、瞬間的な判断ができるかどうかは、生存に直結する。その判断を自分でするのは負担が大きすぎる。だから、バイアスで無意識のうちに判断する。

しかし、現代は、日常的に肉食動物に襲われることはない。動物だった頃の名残として、バイアスを使って素早く判断しようとしてしまう。

「わからないこと」や「未知」に対して、人は本能的に恐怖を抱くため、バイアスを用いて瞬間的に判断することで、不安を和らげることができる。「わかった」ものとして判断したほうが安心できる。現実を観察せずに判断を下してしまうと、長期的には望まない方向に向かってしまう。

バイアスを意識して、観察することについて思考すると、映画『マトリックス』のことを思い出す。

『マトリックス』では、コンピュータとの戦いに敗北した人類は、コンピュータによって操作されている仮想現実を生きていて、主人公・ネオをはじめとした数少ない人しかそのことに気がついていない。現実は、培養槽のようなカプセルに閉じ込められ、人々はコンピュータのエネルギー源となっているという状況なのだが、皆それを知らずに仮想世界の中で生き続けている。

現実を知ることとなった主人公は、選択を迫られる。

「今まで通りの生活がしたいなら青色の錠剤を、真実を知りたいなら赤色の錠剤を飲め」

僕らがバイアスを通して見ている世界は、『マトリックス』の世界でカプセルの中で見ている世界だ。

ネオは赤い錠剤を飲んだ。そして、僕も赤い錠剤を飲む人になりたいと思った。

現実において赤い錠剤に当たるものは何かと考えたら、観察力を高めることだと考えるようになったのだ。

人は自分が見たい世界だけを選んで見ている。それは現実とは程遠く、妄想に近いと言っても過言ではないと思う。自分が見たい世界の中では、立つ波風も自分が望む想定の範囲で、心地よく生きられるかもしれない。しかし、僕は心地よくないとしても、現実ににじりよりたい。現実なんてものが、ないとしても。

生きていく中で、他の誰かや自分の無意識に用意された、安全で安心な道を幸せと感じるのか、誰にも用意されていない道で予想外のことが起き発見がある日々を幸せと感じるのか。

未来がわからないと、人は不安を感じる。一方で、その不安は未知のものへのワクワクにもなり得る。バイアスについて学び、バイアスを武器にして、現実を見る準備ができていると、同じものを見ても、不安ではなく、ワクワクできると僕は考えている。

第4章

見えないものはどう観察するのか？

——感情と関係性の解像度の高め方

人・社会・時代を見通すために

瞑想するときに、シンギングボウルを鳴らして、その音に集中する。そして、いつもその音色のシンプルさと複雑さに引き込まれる。シンギングボウルや銅鑼は、なんと様々な音を出す楽器なのだろう。この楽器を作った人は、世界や音をどのようにとらえていたのだろう。シンプルでありながら複雑、という矛盾する気持ちを湧きおこらせる音。その楽器を作った人の世界のとらえ方が素敵だと僕は思う。

音楽は、音符の発明によって、魅力的なメロディを生み出すことが可能になった。今、人気のある曲のほぼ全てが、楽譜で表現することができる。記録を残すことで、僕らはそれを引き継ぎ、発展させることができる。

しかし、ちょっとした揺らぎの音は存在するが、音符と音符の外にある音の存在は、ほとんど意識されることがなくなった。音符の発明によって、音の観察が進み、解像度が上がって、見えるところが増えたが、同時に見えないところも増えた。

同じように、科学が発達して、人類が自然を見る解像度は上がった。量子まで観測できるようになり、そのことで説明できることは圧倒的に増えた。しかし、見えないことを観察する能力は、かえって衰えてしまったように思える。

ここまで、観察の対象は、見えるものだった。見えるものの観察は、ある程度、やり方に再現性がある。それに対して、見えないものを観察するのは実に難しい。

見えないものを探求し、理解、説明したものといえば、「聖書」と「お経」だ。今もこれを超えるものは出ていないかもしれない。キリストもお釈迦様も、現代文明の利器はもっていなかった。なのに、僕たちよりもずっと観察がうまい。僕は観察の本を執筆しながら、自分がやっているのは、仏教の五蘊《ごうん》という概念を我流で拙《つたな》く説明しているにすぎないのではないかという気すらしてくる。僕たちは、人間の外ばかり観察してきたが、心の中を観察する力は、2000年前の人たちを超えられていない可能性がある。

教科書からこぼれ落ちた歴史の真実——「感情」

見えないものは、記録に残らない。残っていても、後世の人には理解できない。けれども、社会を本当に動かしてきたのは、見えないものではないか。

前述したが、僕は中学のときに父の仕事の関係で、南アフリカ共和国に住んでいた。

その時期は、南アフリカという国の揺籃《ようらん》期だった。アパルトヘイトが終わり、マンデラという黒人大統領が誕生しようとしていた。初めて行われる選挙の直前。暴動が起きたり、水道に毒が仕込まれたりするのではないかと国中の人が怯えていた。選挙は、明るい未来ではなく、破滅の始まりかもしれない。そう感じている人がたくさんいて、国外に逃亡する人もたくさんいた。

そんな中、白人と黒人の歌手たちが集まって、一緒に一曲を歌っていた。すごくシンプルな歌で「サウスアフリカ、オー、ビューティフルランド」と歌うだけの歌だ。テレビでもラジオでもたくさん流れていた。

その歌は、歌を超えて、祈りだった。

歌声をテレビ越しに聞くだけで、なぜか毎回、涙が流れた。

黒人も参加する初の選挙は、予想に反して、何一つ事件が起きることなく終わり、予想通り、マンデラが大統領となった。事件が起きないように、警察をはじめとした様々な努力があったことだろう。しかし、この選挙がうまくいったのは、歌の力だと僕は考えた。まったく根拠はないが、この曲を聴いた全ての人が、この国を守りたいと思ったのではないか。この曲は、後々になって『Peace in Our Land』という曲だと知った。

一つの曲が、国中の人の感情を一つにそろえた。たった1日だったとしても、黒人大統領の誕生に国の未来をかけてみようと信じたのではないか。

歴史を変えるのは、論理ではなく、「感情」ではないか。

感情が歴史を動かす。

歴史の教科書の隙間からこぼれている感情を想像しようとしたら、急に歴史を学ぶのが面白くなった。

感情がうまく想像できなくて、喉に刺さった小骨のように、僕の心にひっかかり続けている歴史上の人物がいる。西郷隆盛だ。西南戦争のとき、西郷隆盛は、どんな感情だったのか。

1877年（明治10年）、西郷隆盛は政府に不満をもつ士族を率いて、武力反乱を起こした。西南戦争、日本国内で最後にして最大規模の内戦。西郷隆盛がなぜこんな戦争を起こしたのか。圧倒的な武力の差。西郷が内乱を起こしたほうがいい論理的な理由は見つからない。

西郷の中にもしかしたら勝つかもという希望はどれくらいあったのか。不平不満をもち、生きる希望を失った士族に向き合い、彼らの死にどころを用意しようという気持ちだったのか。

それとも、自分が死に、不平士族がいなくなることで、より良い日本が生まれると、祈りながら死んでいったのか。

一緒に明治維新を成し遂げた大久保利通に対して、どんな感情をもっていたのだろう。憎しみなのか。それとも、二人にしか理解できない絆を感じ続けていたのか。西郷隆盛の感情、不平士族の感情、大久保利通の感情、そして世間の人々の感情を想像する。

自決のような一瞬の死を覚悟する人の気持ちは、なんとか想像できる。しかし、西郷隆盛のように、ゆっくりと死ぬことを受け入れ、そして前へと自ら行動する人の感情が想像しきれない。

僕は、そういう感情を観察して、歴史、社会、人を理解したいと思う。

歴史の中だけではない。直近の感情ですら、理解するのは難しい。

東日本大震災の直後は、どんな感情だったか。福島原発の事故をどんな感情で眺めたか。自分の感情だけでなく、社会全体はどんな感情だったか、思い出せる人はどれくらいいるだろう。

起きた出来事は、時間に合わせて、分けることができる。しかし、感情は、全て混ざってしまう。不安の中にも、かすかな穏やかさを感じたり、喜びを感じたりしたときはあるかもしれない。そのような感情は、個人の記憶の中では、不安と一括りにされてしまうし、歴史の中ではそのまま忘れ去られてしまう。

「本当の自分」なんて存在しない——関係性

僕が見えないけれど観察しようとしている対象は、感情ともう一つ「関係性」だ。人は、その人の、身体と心だけでできているのではない。その人と関係する人によってもできている。それをわかりやすく表したのが「分人主義」という考えだ。平野啓一郎は『私とは何か——「個人」から「分人」へ』の中で、「分人主義」という概念を提唱している。

僕たちは、どこかに「本当の自分」というものが存在していて、他者に見せる自分は「演技した自分」だと考えがちだ。しかし、会社の自分、家族といる自分、恋人といる自分……どれも本当の自分であり、このキャラ（＝分人）たちの集合体が一人の人間を形成している。しかも分人は、自ら主体的にコントロールしているものではなく、相手との関係によって引き出される。つまり、他者によって引き出される「分人」の集合体として、「私」という個人が存在するのだ。

平野さんは、どの分人も自分自身であるならば、居心地の良い自分を探り、その分人を増やしていくのが、生きやすくなるコツではないかと提唱している。

さらに『本心』という彼の作品には、亡くなった母親をＶＲ（Virtual Reality）上でもう一度作ろうとするエピソードがあるのだが、これは関係性を考える上で、非常に示唆に富んでいる。主人公は、ＶＲ上の母を「母親らしく」させるために、自分のもっているデータを提供する。だが、それだけでＶＲが母親らしくなることはない。では、どうやったら「母親らしさ」を取り戻せるのか。それは、主人公の知らないところで母が関係を結んでいた人たちとのやりとりを、ＶＲに体験させることだったのだ。

このことは、「私」とは他の一人との関係だけで立ち上がるものではなく、複数の他者との関係によって引き出される「分人」を統合させて、存在するということを、物語をとおして意味している。一方で、友だちと話している様子を家族に見られるとバツが悪いように、人は複数の他者との「分人」を見せたがらない。日常生活の中で、相手の関係性を観察するのは難しいことなのだ。

物語によって、見えないものに気づく力を鍛えよ

僕は幼少期より、たくさんの小説やマンガを読んできた。現実の経験よりも、物語の中の経験を優先させていたこともある。大学時代は、飲み会に誘われても、本や映画を優先していた。過去を振り返って、なぜ、自分はそうしていたのか、自問自答をする。今は、友人と過ごす時間を優先するのに、なぜ昔は逆だったのか。

現実社会を観察していて、感情や関係を読み解くのは非常に難しい。20代前半の僕には、それができなかった。小説やマンガには、関係性、感情が、すごくわかりやすく描かれている。会話を通じて、他者の内面に入っていくことはできなかったけれど、物語という装置を使うと、人の内面に入っていける。

物語によって、見えないもの（感情と関係性）に気づく能力を鍛えることができ、僕は現実社会と向き合う準備ができたのだと思う。

感情や関係性を観察する能力を、学校生活の中で鍛えることは難しい。むしろ、学校教育によって苦手になっている可能性すらある。僕らは、学校教育や会社で「感情」

と「関係」を切り離すようトレーニングされる。自分がどう考えるかよりも、感情と関係性を殺して、論理的に動けるように教育されている。会社では、関係性を大切にして、お客さんを贔屓する態度よりも、全てに対して「機械的に」平等に接することが重視される。資本主義における工場の一員としては、そのほうが都合がいい。

産業革命以降、人間はロボットになりたがっていたと、僕は考えている。精密で機械的に動くことが求められたり、論理的思考がもてはやされていたりしたからだ。そして、そのようなロボット的な人が、活躍する時代でもあった。

だが、時代は変わった。AIやインターネットで知の解放が起きた。AIやロボットのように人は24時間働くことができないし、応答速度や処理量においても、圧倒的にAIやロボットのほうが優れている。つまり、人は精密性や論理性といった要素では、もはやロボットに勝つことはできない。

では人間が、ロボットに勝てる場所はどこなのか。それこそが感情的なものであり、人同士のコミュニケーションからしか、生まれないものでもある。

子どもが、精密で論理的な親を求めているかどうかを考えれば簡単にわかることでもある。毎朝7時ぴったり、同じ規格の料理が無言で提供されるよりも、たとえ親が寝過ごしたとしても「ごめん、今からコンビニで朝ご飯買ってくるけど、何がいい？」と、笑いながら子どもに話しかける。このようなコミュニケーションのほうが、子どもにとってははるかに嬉しいに決まっているからだ。

現に、今また、「ルネッサンスの時代」が来ている。全てを機械的に処理するのではなく、人間中心主義が復権しつつある。社会全体で、感情が動くコミュニケーションや、サービスが求められているのである。そして人間中心主義では、論理よりも、感情や関係性を優先させる。

見えないものを観察するために必要な2つの要素。感情と関係性。これは、今後の社会に重要になるだけでなく、人の心に残る物語を作るときに、最も大切な要素でもある。だから、編集者の僕にとって、感情と関係性は、すごく大事な観察の対象なのだ。

感情について特化した本は、僕と予防医学研究者の石川善樹、マンガ家の羽賀翔一の3人の共著で、『感情は、すぐに脳をジャックする』（学研プラス）を二〇二一年に出している。関係性については、人と人の「間（あいだ）」にあるものを考えることが大切だと考えていて、間についての本を僕自身で執筆しようとしている。なかなか苦戦していて、いつ出せるかは決まっていないのだが。

本章では、感情と関係性の２つを一章にまとめるので、少し駆け足の説明になっている。より興味をもった人は、感情の本とこれから出るだろう「間」の本を読んでもらえたらと思う。

感情とは取り扱いの難しいセンサー

感情とは何か。

すごくシンプルな問いだが、この問いに答えるのはすごく難しい。感情が動くときの、脳内物質の出方や、身体的変化について説明すれば、感情についてわかるかというと、何もわからない。

ここで辞書をひくと、

1　気持ち

2　快／不快を主とする意識の主観的な側面

とある。

英語にすると、feeling, emotion, affectionになる。

僕らは意識のある限り、ずっと何らかの感情をもっている。なのに、今の感情は何かと聞かれるとパッと答えられない。ましてや、30分前、1時間前となると、出来事については話せても、感情はすぐには思い出せない。感情を意識しているにもかかわらず、「よくわからない」というのは何とも不思議である。

犬や猫にも感情はありそうだが、人間と同じようにはなさそうである。植物や細菌などにもなさそうだ。身体の機能であれば、ヒトよりも複雑な仕組みをもっている動物はいる。だが感情の複雑さは、ヒト特有と言えそうで、人間を人間たらしめているのは、感情のように思える。

人は、これまでどのように感情を解明してきたのだろうか。

ギリシア哲学や仏教では、感情に対して深い観察がされている。たとえば、仏教の四苦八苦は、どんなときに苦しい感情になるのかについての整理として、非常に優れている。

しかし、2000年ほど前の考察から現代まで、ほとんど進展がなく、同じような議論が、何度も繰り返されているように思える。科学は、観測できることを中心に発展していった。実験は再現できることが重要だ。だが、感情は観測の仕方も確立していないし、実験の再現性が低い。それが、これだけ様々な技術が発展しながらも、感情が科学の対象に入ってこなかった理由の一つだろう。

感情についての考察は、古典に求めるのが有益だ。

たとえば現代では、感情的な人と合理的な人は、対立する概念として取り扱われることが多い。しかし、孔子は『論語』の中で「従心」という考え方を説いた。「七十にして心の欲するところに従えども矩《のり》を踰《こ》えず」「感情のままに行動しても、社会と調和することができた」という意味だと僕は解釈している。つまり、孔子は、感情と理性は対立するものではなく、最終的に調和するものであり、それを目指すことこそが人としての成長だと言っているのではないか。

そして、世間でよくいうマインドフルネスやウェルビーイングは、この従心の状態ではないか。現代社会は、70歳よりも若く、従心の状態を社会の中で実現する人を増やそうという挑戦をしているのではないか。

感情は、ヒトという動物にとって、最も合理的なセンサーだという考え方もある。バイアスと同じく、危機的な状況に即座に対応できるよう進化の過程で獲得してきたのだ。一方で、感情は、誰にでも備わっているものの、使いこなすことができる人は滅多にいない、取り扱いの難しいセンサーでもある。そのセンサーをうまく使いこなし、理性と調和することで、社会との距離感を適切に保つことができる。そうすれば、快の状態を長く維持することができる。

感情を使いこなすことは、幸せへの近道かもしれない。

そのために必要なのが、感情を観察することだ。そして、観察するためには、仮説が必要で、そのためには、最低限の知識がなければならない。まずここでは、感情について知っておくべき知識を整理する。

ハーバードが明らかにした感情の12分類

いかに感情に意識を乗っ取られることなく、感情を殺すこともなく、感情のままに振る舞えるようになれるのか。

まず、感情にはどんなものがあって、いくつぐらいの種類があるだろうか。

喜・怒・哀・楽はわかるかもしれない。仏教では、七情と言って、「喜・怒・哀・楽・愛・悪《お》・欲」の7つを基本の感情としている。

近年では、ハーバード大学の意思決定センターが、ネガティブな感情を、「怒り」「イライラ」「悲しみ」「恥」「罪」「不安（恐怖）」の6つ、ポジティブな感情を「幸せ」「誇り」「安心」「感謝」「希望」「驚き」の6つ、計12に分けて研究を進めている（それをまとめたのが次ページの図だ）。


感情を理解するためにまず大切なのは次の2点だ。

- 感情とは選ばされているのではなく、自ら選んでいる
- 感情にいいも悪いもない

まず感情とは、勝手に自分のところにやってくるのではない、ということは知っておいたほうがいい。自分でその感情を選んでいることに意識的である必要がある。そ

ポジティブ感情とネガティブ感情

ネガティブ感情	ポジティブ感情
怒り	幸せ
イライラ	誇り
悲しみ	安心
恥	感謝
罪	希望
不安（恐怖）	驚き

ハーバード大学の意思決定センター（Harvard Decision Science Lab）の資料をもとにSBクリエイティブ株式会社が作成

もそも感情は扱いづらい、人類の叡智が詰まったツールだ。感情を理解すると、自分の状態を知ることができる。感情とは、自分が今、何に注意を向けているのか、を自覚するツールだということができる。

たとえば、あなたが「怒り」を感じているとする。

そんなときは、自分の大切なものへの攻撃に注目している状態と言える。

バイアスのときも、問いの力を使って、バイアスを武器に変えた。同じことが感情でも有効だ。怒りを感じているときに、自分にこう問うてみる。「自分は何を大切と思っているのだろう」

すると、自分で無意識に大切にしていたことに気づけるかもしれない。

また、暴力や言葉ではない何かを攻撃と解釈して、怒りを感じる場合もある。

ここで「自分は何を攻撃と受け取ったのだろう」と問うと、自分が他者の言動の何に反応しているかに気づける。ここで感情に支配された状態のままだと、攻撃を仕返したりして、相手を変えようとしてしまう。自分に矢印を向けられれば、自分の中で注目しているところを変えることができる。怒りを感じたときに、自分が変えられるものだけ考えるほうがずっと健全だ。

「不安」もよく感じることのある感情の一つだ。

不安は、自分ではとらえきれない、わからないものに対して注意が向いている状態と言える。であれば「わからないものが何か」をはっきりさせれば不安は消える。不安を消すには、誰に何を聞けばいいのだろうと考え出せばいい。少し概要が見えてくると、不安の感情がワクワクへと変わることもある。

感情を理解すると、対処法も見えてくる。それぞれの感情は、何に注意を向けている状態か。この知識があるだけで、随分と行動が変わるだろう。

いろいろな感情の特徴

不安	わからないものに対して注意が向く
恐怖	手に負えないものに注意が向く
悲しみ	無いことに注意が向く
怒り	大切なものがおびやかされることに注意が向く
喜び	獲得したことに注意が向く
安らぎ	満たされていることに注意が向く

参考：鈴木伸一（2016）不安症をどのように凌ぐか 不安の医学 第23回都民講演会

感情とは、意思決定を素早くするための道具でしかない。

あなたの感情は、無意識に、思考の癖で、自らが選んでしまっているものだ。

そうではなく、自分で自由に選べるものだと思うほうがいい。感情があなたを襲うのではない。自分で選ぶのだ。失恋しても、相手がいないことに注目するから「悲しい」だけで、ここから始まる新しい人生に目を向ければ、「楽しい」になる。すぐに、またないことを注目してしまうかもしれないが、注目する先を変えれば感情も自然と変わる。上の表に、感情が何に注意を向けているかのいくつかの状態をまとめておく。こうしたことを知識として知っておくだけでも、自分の状態への問いと仮説が回りやすくなる。

感情にいいも悪いもない

感情を理解し、自分が何に注意を向けているかが理解できれば、次に「感情の選択」を行うことができる。一つの出来事に対して、たった一つの感情にしかなれないことはない。「怒り」を手放して、「悲しみ」を感じることだってできる。そして、その後に「安らぎ」を感じることも。

感情の中に、感じてはいけないものはない。ずっと幸せを感じているのがいい、とも限らない。むしろ、たくさんの感情を感じたほうがいい。避けたほうがいいのは、一つの感情に浸って、ずっとその感情に支配されてしまうことだ。全ての物事に複数の解釈が可能なように、感情が一つに支配されているというのは、解釈が固定化されているということ。全ての感情は、ヒトが生き延びるために大切な感情で、全てを感じているほうがいい。

感情の12分類をもとに、感情によって、リスク認知や情報処理の仕方が変わるということも研究されている。

たとえば、「怒り」を感じているとき、人はリスクを低く見積もる。「不安(恐怖)」を感じているときは、その逆だ。ものすごく強い敵が目の前に現れて、その敵に対して「怒り」を感じていたら、無鉄砲に立ち向かっていけるが、敵に対して「不安(恐怖)」を感じていると、リスクを高く見積もるので、逃げるという選択をするだろう。

また「怒り」を感じているときは脳が情報をあまりちゃんと処理しなくなる。逆に「不安(恐怖)」を感じているときは、分析的に理屈っぽく考える。

ポジティブ感情はどうか。ポジティブであることは歓迎されがちだが、「幸せ」ならいいのかというと、そうでもない。「幸せ」はリスクを低く見積もるから、計画を立てるときに、やや脇が甘くなる。「誇り」を感じているときも、リスクを低く見積もる。

このように、同じ情報を受け取っても、感情によってその処理の仕方には大きな差が生まれ、異なる意思決定となる。大切なのは、感情を無理にコントロールするのではなく、いったん自分で理解して、それによって観察が歪むことがないよう気をつけることだ。感情への知識があれば、感情と行動の相関について観察できる。

自分の感情を観察する。

すると、自然と行動が変わる。

行動を変えようと意気込んでも、簡単には変わらない。それよりも、感情を観察して、今注目していることを手放すと自然と感情が変わって、行動が変わる。感情は自分の心の中にある。でも、見ることができない。だから、観察が何も始まらない。足がかりとして、知識を使って、自問をすることで観察が始まる。

感情を「情動」と「混合感情」に分ける

先ほどの12分類よりも、さらに詳細に感情を分けて思考するために、感情の輪をもとに考えてみようと思う。感情の輪とは、心理学者のプルチックが整理して図にしたもので、非常にわかりやすい（188ページの図）。僕は感情のことを意識するために、携帯の待受画面にしているほどだ。

「感情」という概念は、「混合感情」と「情動」という概念に分けられる。

ただ、どちらにも感情という言葉が共通して使われていて、混乱しやすい。感情にまつわる思考は、まだそれほどされていないということが、言葉がしっかりとないところからもわかる。

まず「情動」について見ていこう。この情動が、先ほどの基本的な12の感情に近い。

情動は、本能に由来する心の動きだ。人間だけでなく、一部の動物も感じている可能性がある。情動は、感じたときに、身体が反応する。たとえば、「怒り」。人は怒ると血流が増え、体温が上昇する。言葉遣いや表情から怒りを消すことができても、身体の反応を消すことはできない。注目する場所を変えることで、情動を手放すことはできるかもしれないが、一度感じたときに、必ず身体が反応する。身体と結びついている心の動きが情動だ。

一方、混合感情や感情と呼ばれるものは、人間特有のものだ。複数の基本的な感情を同時に感じている状態だ。身体的な反応はない。混合感情を表情で伝える人もいるが、表情などにはまったくでなくても、心の中では強く感じている人はいる。観測できないからといって、感じていないわけではない。

たとえば、「愛」。

「信頼」と「喜び」が、混合している感情だ。愛する人と親友を分けるものが何かと考

プルチックの感情の輪

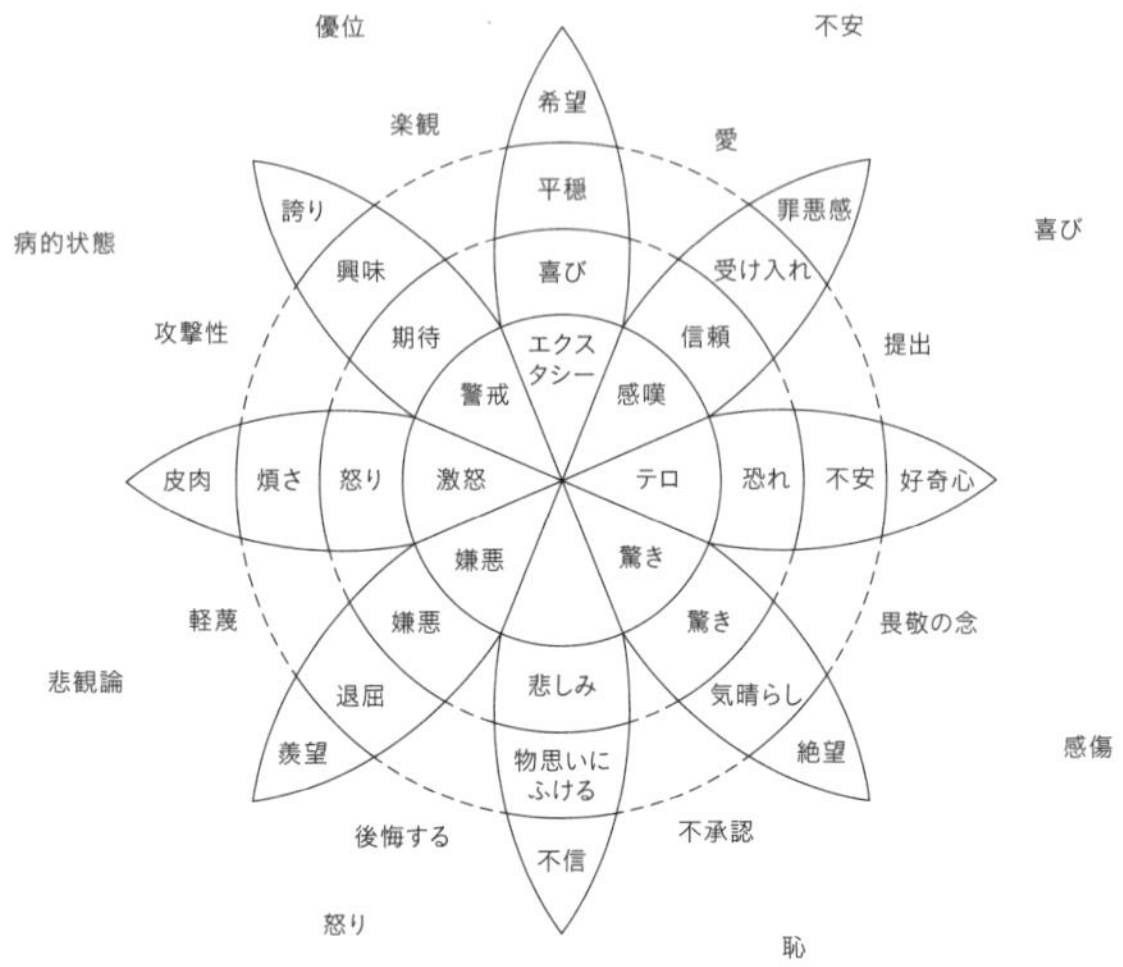

えると、愛が、信頼と喜びの混合感情だというのは、すごくしっくりくる。

　物語上で、恋愛シーンが描かれていても、二人が本当に愛し合っているのか伝わってこないことがある。それは「喜び」、あるいは「信頼」の片方だけしか伝わらないエピソードになっていて、その両方を感じとれないからという可能性がある。感情への理解が深まると、物語になぜかリアリティがないとき、どこに問題があるのか気づけるようになる。

　では、「悲しさ」と「切なさ」の違いを言えるだろうか？

　悲しさとは、ないことに注目している状態だ。愛する人が、死んでしまって、いないと悲しい。愛する人が死んでしまって、その人がいれば、きっとこんな言葉を言っただろうなと想像して、切なくなる。「切ない」は、「悲しさ」と「信頼」の混合感情なのだ。

他者からの見えない贈与を受け取る

僕の中で少年マンガと青年マンガを分ける基準がある。それは、描く感情の違いだ。少年マンガと呼ばれるジャンルは、情動の変化を中心に物語が動いていく。クライマックスでは、主人公の感情は爆発する。全身を使って、感情を表現する。子どもでも共感できる物語になる。

一方、青年マンガは、混合感情を描く。登場人物の表情や台詞だけだと、何を感じているかわからない。たとえば、夫が死ぬ。妻は「せいせいした」と言いながら、笑う。その笑い顔から、とてつもない喪失感、妻の悲しみが伝わってくる。泣くこともできない悲しみ。そのような感情を描こうとするのが青年マンガだと僕は考え、編集をしている。

主人公に共感して、物語の展開と一緒に、情動が揺さぶられるのは心地がいい。ただ、僕がすごく興味があるのは、混合感情を理解することなのだ。混合感情は、それぞれの人の心の中で起きているだけだから、外からは推察できない。自分が経験したことのある混合感情から他者のものを類推するには限界がある。だから、僕は物語の中で混合感情を詳しく知りたい。そして、物語で出会った混合感情を現実の中で観察して、読み解きたい。

人が作ったものには、混合感情が込められている、と僕は考えている。その混合感情を読み解き、受け取ることが、他者からの匿名の贈与を受け取ることではないか。世の中は、実は贈与であふれていて、それに気づく能力を鍛えた人だけが、その贈与を受け取ることができる。社会の中で見ることができない混合感情に気づくことが贈与の受け取り方だと僕は思っているのだ。

だから僕は、一緒に仕事をするマンガ家には、感情の大切さをていねいに伝える。プルチックの感情の輪から一つの感情を選んで、マンガを描くことを課題として出してもいる。それぞれのマンガ家たちが、どのように感情を観察し、マンガに仕上げているか。コルクスタジオに所属するマンガ家の一秒さんが新人の時に、感情を理解するために描いたマンガがある。参考になると思うので、掲載する。

「怒りの時間差」　一秒

飲み会でこんなコト言われた
やぐっちは「ナマケモノ」って感じ〜
あー分かるー（笑）
ネー
ずっとそのままでいてほしー（笑）
えへへ
そっかな〜
その夜
もしかしてあれってバカにされてたのかな…
みんな笑ってたし
何か腹立ってきた〜
がばっ
ああ〜もうっ!!
今さら言えないし
悔し〜!!
ぽす
ぽす
そう 私はよくこういう事がある

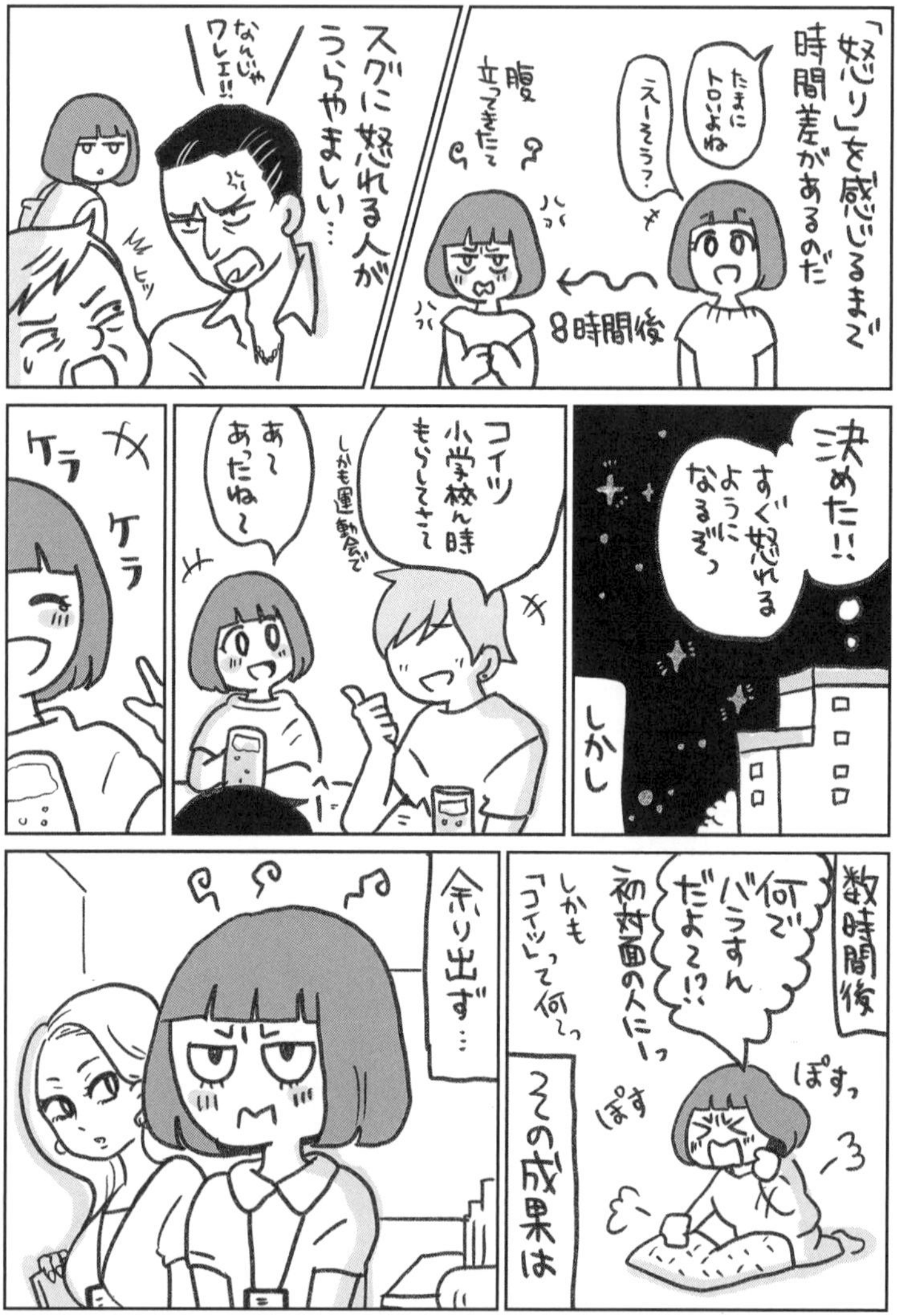

「怒り」を感じるまで時間差があるのだ
たまにトロいよね
えーそう?
8時間後
腹立ってきたァ
スグに怒れる人がうらやましい…
なんじゃワレェ!!
ヒッ
決めた!!
すぐ怒れるようになるぞっ
しかし
コイツ小学校ん時もらしてさァ
しかも運動会で
あ〜あったね〜
へー
ケラ
ケラ
数時間後
何でバラすんだよぉ!?!!
初対面の人にーっ
しかも「コイツ」って何ぉっ
ぽすっ
ぽす
その成果は
怒り出ず…

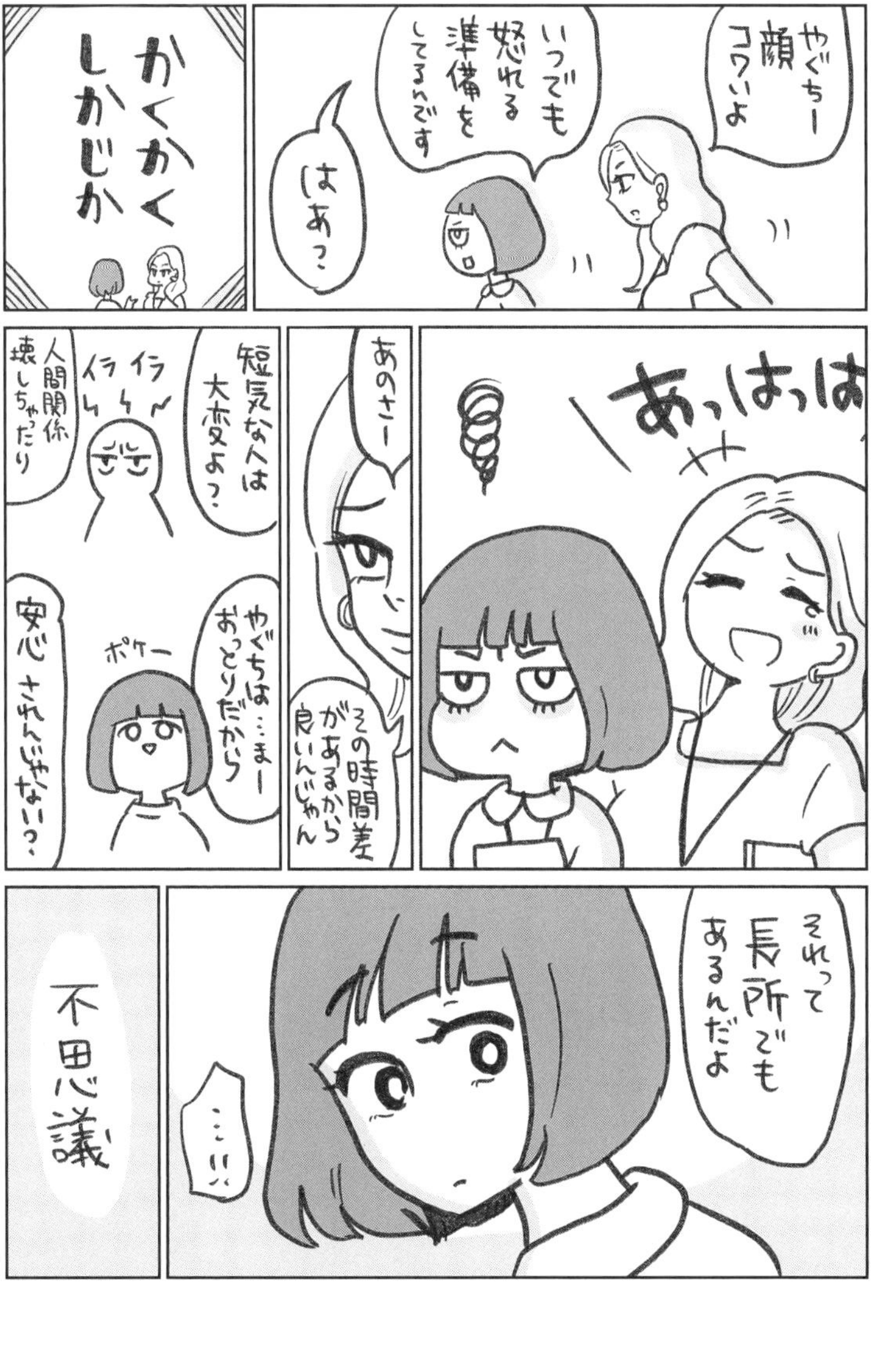
やぐちー 顔コワいよ
いつでも怒れる準備をしてるんです
はあっ
かくかくしかじか
あっはっは
あのさー
その時間差があるから良いんじゃん
短気な人は大変よっ？
イライラ
人間関係壊しちゃったり
やぐちは…まー おっとりだから
ポケー
安心されんじゃないっ？
それって長所でもあるんだよ
…!!
不思議

「怒り」を感じるのは
あんなに
時間が
かかったのに…
先輩っ
うれしいです!!
ダバー!
あっ そうっ 良かった
じゃ会議室予約
ヨロシクワ〜
サラッ
その夜
エヘヘ〜
とはいえ
先輩
あんなに
笑うコト
なかったのでは…
あっはっはっ
ハッ
ムム
ムムム゛
ま…いいか
すぐ怒れない自分
も有りってコトで

個性は存在しない。他者との「関係性」に目を向けよ

僕は何者なのか。

ドラクエのようなロールプレイングゲームをしていると、プレイヤーは、努力して、スキルを身につけ、装備を身に纏う。現実においても、そんなふうに自分が成長していく姿を僕らは想像する。

僕とあなたは、肉体によって隔てられ、違う存在である。僕を構成するのは、僕の肉体であり、記憶である。成長するのは、僕という個人だ。「個人」というものが、確固としてあるのは当然のこととして、今の社会は回っている。個人の権利、個性が尊重され、それが侵害されていないことが前提となっている。編集者として仕事をしていると、作家の「個性」に注目する。学校教育でも「個性」が大事だと教えられる。

だが、「個性」は本当に当然のものなのか。

夏目漱石の文学のテーマは、「近代的自我の苦悩」と言われる。少し乱暴な議論になるが、近代的自我というのは、個性や個人だと言える。個人として、どう生きるのか

を悩むということだ。僕は、正直、なぜそこまで悩むのかよくわからなかった。何を悩んでいるのか。説明として「江戸時代には、個人という概念がなく、西洋の近代合理主義が明治になり日本に入ってきて、個人という概念が生まれ……」と言われても、個人という概念がない、という状態がまったく想像もできなかった。

僕らは、個人という概念があるのが当たり前すぎる時代を生きている。資格を取ったり、スキルを身につけたりしようとするのも、個人というものがあって、その中から個性は発揮されるものだ、と信じて疑わないからだ。受験で偏差値を上げようとするのも同じ発想だろう。人脈というものも、人間関係を個人に属している所有物だと考える点で、個人を中心にした考え方だと言える。いかに個人を磨くかという社会の中で生きているが、それほど、個人というのは、強固なものなのか。

中国で社会インフラになるかもしれないと言われている「信用スコア」。その人がどのくらい信用できるかを数値化するもので、購買履歴や支払い能力、プロフィールなどのデータを蓄積していく。個人が確固としたものだという前提がなければ、このような指標を作ろうとはならない。

しかし、一度、個人という概念を当然と思うのをやめ、観察してみたい、と僕は思った。

ことわざに「朱に交われば赤くなる」とある。このことわざの意味を「人は人の影響を受けるよね」と軽くとらえていた。しかし、もっと深くとらえ直す必要があるのではないか。先ほど紹介した分人主義のように、「人は分人の集合体であり、中心や本当の自分はない」のではないか。

だとしたら、何を観察するといいのか？

僕は何者なのか、という問いにどのように答えられるのか。

哲学者オルテガは、「私とは、私と私の環境である」と定義する。この定義は、すごくしっくりくる。環境とは、分人の集合体とも言える。そして、分人とは、自分と他者、自分と場所との関係性とも言える。

人は、その人だけ単独で、個人として存在しているのではない。ドーナツの円の穴のように、その周りを取り囲む他者、場所との関係性の中に人はいる。個人というものが、ドーナツの穴のようなものだとしたら、限りなく虚構に近いものを、僕らは確固としたものとしてとらえているということだ。

人は関係性の中でのみ力を発揮できる

関係性こそがその人の本質であり、中心はないと考えて、世の中を観察する。すると、江戸時代はどんな時代だったのか、夏目漱石の苦悩がどんなものだったのか、少しは想像できるようになる。

関係性に注目すると、個人とは、確固としたものではなく、すごくあいまいなアメーバのように揺れ動くものになる。関係性が変わると個人の在り方も変わる。

たとえば、僕は、東京から福岡に移住して、いる場所も、会う人も大きく変わった。移住からたった数ヶ月しかたっていない。僕の過去の経歴やスキルなどは何も変わっていないので、僕は僕のままであると言える。しかし、関係性を観察して、僕という人間を類推すると、今の僕は、数ヶ月前の僕とはまったくの別人であるということになる。そして、僕は、その関係性に注目して、自分のあり方を考えるほうがしっくりくる。個人とは、そんなに安定したものではない。

僕の知り合いの経営者は、役員として転職してきた人がすぐに活躍しなくても、一年は待つそうだ。個人の能力だけでいきなり活躍できるような人は、基本いないからだ。新しい職場で、新たな関係を築くか、前の会社のメンバーを3人まで連れてくることを認めて、その上で結果を出せるかを判断するらしい。

能力というものも確固たるものがあるわけではなく、関係性の中で発揮されるものだ。コルクでは、入社する人に2つの診断テストを受けてもらう。ストレングスファインダーとFFS理論の2つだ。この2つの診断テストの導入は、まさに僕の観察する対象の広がりに呼応している。

ストレングスファインダーは、個人の強みを理解するためのテストだ。人の強みは34個あり、自分の場合はどの強みが優位なのかを知ることで、強みを活かせるようにする。これは、自分を知るためのツールだ。

その後、FFS理論というテストも使うようになった。これは、他者との関係性の中でどうやって自分の強みを発揮するのかを診断できる。関係性について気づくための視点をもらえるのだ。個人から関係へと僕の観察対象は広がった。

関係性を観察するといっても、何をどう観察すればいいのかが当たりがつかない。SNSで誰と誰がつながっているかはわかっても、その関係の質までは予想もつかない。そのときに、FFS理論は仮説を提示してくれる。

FES理論5因子による意思決定の行動パターン

A:凝縮性	情報が不十分で確信がはっきりもてなくても、意思決定できる
B:受容性	周りの皆のためになりたい、皆がどう考えるかを優先させたい
C:弁別性	すぐには意思決定をせず、情報を集めて白黒はっきり判断したい
D:拡散性	自分にとって新しいと思うかどうかを重視する
E:保全性	自分にとって安全かどうかを重視する

参考：株式会社ヒューマンロジック研究所によるFive Factors and Stress（FFS）（開発者・小野恵智博士）の解説をもとにSBクリエイティブ株式会社が作成

ＦＦＳ理論自体の詳しい解説は、『宇宙兄弟』キャラクターの性格と関係性を例に使いながら説明した書籍『宇宙兄弟とＦＦＳ理論が教えてくれるあなたの知らないあなたの強み』（古野俊幸）に譲る。ＦＦＳはファイブ・ファクター＆ストレスの略なのだが、その5つの因子とは、「A：凝縮性」「B：受容性」「C：弁別性」「D：拡散性」「E：保全性」だ。

僕の因子の数値は「凝縮性：17　受容性：15　弁別性：14　拡散性：11　保全性：2」となる。この数値は、偏差値のようなものとは、違う。僕の優秀さではなく、どんな人と一緒に仕事をすると、僕の強みが発揮されるのかということを、予測するのに参考になる。

　僕の数値は、凝縮性が他の因子と比べて高い。これは、自分独自のこだわり、価値観をもっていることを意味する。つまり、受容性の高い人と一緒であれば、その人は僕のこだわりを実現しようと協力してくれて、お互いに強みが活きる。もしも、受容性が低い人とであれば、お互いに頑固だと思って、ぶつかり合う可能性がある。

　拡散性という因子は、新しいことをやりたがる因子だ。保全性は、すでにある仕組みをブラッシュアップしていく。つまり、拡散性の人が初めのトライアルをして、その後、保全性の人が快適な仕組みにしていく。拡散と保全は、長期的なプロジェクトでは、補完関係になって、お互いの強みが活きる。短期的なプロジェクトの場合は、拡散性同士、保全性同士のほうが良かったりする。

「する」ではなく「あり方」に注目する

『宇宙兄弟』という作品は、人間描写が優れている。物語の中で、主人公のムッタが優秀で、次々と押し寄せる難題を解決するのではない。周囲の人間との関係の中で、自分の能力、周囲の能力を引き出していくところがムッタの魅力なのだ。

閉鎖環境にいるときも、ムッタは、個性的で衝突し合う宇宙飛行士候補者たち、各自の魅力を引き出した。新しいグループになると、またゼロからだ。月面に一緒に滞在する癖もの宇宙飛行士のグループ「ジョーカーズ」で、ムッタが能力を発揮するためには、他の宇宙飛行士たちとの関係を築かなければならない。ムッタが関係を構築して、自分と周囲の能力を発揮させる様子が、リアリティをもって描かれる。

人の能力は関係の中で発揮され、人は関係に悩む。その人をその人らしくしているのは、その人の能力よりも、その人の関係だ。ドラクエのように一度、呪文を覚えてしまえば、その後同じ課題にはいつも対応できるわけではない。能力とは、そんな固定的なものではないのだ。

多くの物語は、次から次へと事件が起きる。エピソードを描いている。一方、僕が本当にいいと感じる物語は、人と人の関係を描いている。関係から、その人らしさを浮かび上がらせている。

マンガ家が、どうすれば関係性を観察して、それを作品に反映できるのか。そのことについて編集者としていつも考えている。僕自身、どうしても、個人というものがあるという前提で観察する癖がついてしまっていて、関係性をうまく観察できるようになれていない。個人に注目すると、その人の「する」ことに注目する。関係性に注目するなら、人と人の「あり方」に注目することになる。しかし、どうすれば、「あり方」を観察できるのか。まだそんなに手がかりを僕の中で見つけられていない。

僕が書いた2冊目の本は、『We are lonely, but not alone』という宇宙兄弟の中で宇宙飛行士エディが言う台詞をタイトルにした。僕はこの台詞がすごく好きで、何度もその言葉の意味することを考えている。言葉は簡単だが、意味していることを理解するのはすごく難しい。

「我々は孤独だ。だが一人ではない」

我々の知覚は、肉体と脳に制限されている。だから、青色を見ても、同じように青を感じているかどうかはわからない。お互いの心の中は、どこまでいってもわかり合うことはない。そういう意味で孤独だ。

同時に、我々を作り上げているのは、関係性だ。その関係の上に自分がいる。だから、一人じゃない。このエディの台詞は、この本で主張している感覚に近いことをすごく適切に表現しているように感じる。

クルーのみんなは少し不安を感じ始めているようだ
でも大丈夫だ
みんな分かってる
我々は孤独だ
だが一人ではない
We are lonely, but not alone.
We are lonely, but not alone.

『宇宙兄弟』（31巻）

第5章

観察力を高め続けるために

——正解を手放す「アンラーン」のすすめ

観察とは本能に抗う行為

エポケー。

なんとも間抜けな言葉の響きだ。高校の倫理の授業で、ギリシア哲学の用語として出てきて、なんとなく響きだけ覚えている。「判断保留」という意味だ、と言われても、なぜ判断保留をわざわざ特別な言葉で言うのか、良い判断を少しでも早くできるほうがいいではないかと、エポケーのことはすっかり忘れてしまっていた。

最近の僕の頭の中では、何かあると、「エポケー」という言葉が、カッコウの鳴き声のように鳴り響く。

エポケー。

この言葉のもつ重要さがやっとわかるようになってきたのだ。

僕たちは、生まれてきて、何もわからない状態だ。だから、大人が子どもを守り、子どもに教える。人は知識を身につけたいと思う。「わかりたい！」と願う。

相手の話を聞きながら、僕たちはたくさんうなずく。わかっていることを伝えるためだ。「わかってる？」と質問されたときの答えは、「はい」が期待されている。「わからないから、もう一度言って」「これってわかる必要があるの？」なんて答えは求められていない。日常生活の中で、早く「わかる存在」になろうと努力している。

僕らが、必死に何かを学び、わかろうとするのは、良い判断をするためだ。僕らは、良い判断ができる人になりたい。そして、良い判断をするための情報を求める。ビジネス本を読むのは、その考えにもとづいて判断したら、今の自分よりもいい判断ができるかもと期待するからだ。

僕の中で何かを「わかった」と思った瞬間に、エポケーと鳥が鳴く。

「わかったって何？」「どんな状態？」「わかりたいことにしたいのはなぜ？」矢継ぎ早に問いが飛ぶ。青い鳥がいたら、世の中どれだけ楽だろう。

青い鳥、南無阿弥陀仏、宝くじが当たること。絶対的な幸せの象徴。手に入れたら、幸せになると人々が思っているもの。しかし、どれも手に入ることがない。手に入ることがないから、一生追い続けることができるとも言える。エポケーとは、絶対を諦めることだ。僕は、エポケーという言葉を発し、再度、観察を始めることで、「青い鳥を思い求めない人生」を過ごしたいと思っている。

「学ぶ」には2種類ある

ここからは、「学ぶ」という行為を2つに分けてみたい。

1 「スキルを身につけることで、無意識に行えるようにする学び」

2 「身につけているスキルを、意識的に行えるようにする学び」

学校教育も一般的な学びも1であることが多い。どうやって1の学びを効率的に行うか。そのことを多くの人は議論している。『ドラゴン桜』で伝えていたのは、まさに1の学びをどうやって効率的に行うかだった。詰め込み学習で、基礎学力を身につけることが重要だと主張した。

観察をめぐる僕の思考では、どうやって2の学びをするかということに終始している。最近よく言われる「アンラーン(脱学習)」という学び方とも近いかもしれない。一度、身につけた学びを意識的に手放す。手放すために、バイアスや感情を理解して、観察することが必要だ。

2の学びが、アンラーンだとしたら、それはラーン(＝1の学び)の後にしかこない。

1の学びを極めてからでないとできない。1を経ずして、2の状態にいくことはない。そして2は、判断保留しているとき、エポケーのときにやってくる。第3章でバイアスに気づくために「問う」が有効だと言った。問いを発し、その問いのために観察をすることで、判断保留が起き、無意識にやっていたことが意識的にできるようになる。

僕たちは、意識していることしか思考できないので、無意識の力を低く見積もりがちだ。だが反応のかなり多くは無意識に行われている。それどころか、どうやって無意識で行い、習慣に組み込んでしまえるかという努力を、僕たちは普段している。

たとえば、車の運転。教習所に通っているとき、左折するには、何段階もの過程を踏む。巻き込んでいる人がいないかなどを細かくチェックする。運転に慣れてくるとは、途中の過程をすっ飛ばすことではない。多くの過程が無意識に行われるようになることだ。「慣れた頃が一番危ない」というのは、無意識で行うようになるときに、必要な過程が抜け漏れてしまっていて、無意識であるがゆえにそのことに気づけないからだ。

スポーツのトレーニングで、素振りをたくさんするのも、無意識で身体が動くようにするためだ。毎回、意識を使って身体の動きをチェックしていたら、試合の最中では間に合わない。何よりも、脳が疲れてしまって、多くの情報を処理しきれない。重要な反応は、無意識やバイアス、感情に任せてしまうことで、脳の空き容量を作って、もっと他の違うことを観察できるようにする。第2章で述べたような、愚直なディスクリプション、徹底した真似る、型を身につける目的は、このような「動作を無意識下に置く」ことだ。

わかっていると感じているから、無意識で判断できる。無意識の判断のほうが怖くない。正しい決断だったのか、心に迫られる必要がない。

学習によって、無意識で行えるようにするのは、身体的なことだけではない。計算もそうだし、思考法などもだ。世の中で俗に言われている「直感」や「センス」とは、思考を無意識下に置いて、予測してしまうもので、無意識に置くものが多くなるほど様々な仮説が思いつきやすくなる。一定量の知識や経験があると、それを使って、無意識に仮説が浮かび上がってくる。

人は、わかりたい。本当の正解などないとしても、正解の側に立ちたい。あいまいさから抜け出したい。バイアスにしても、感情にしても、意思決定を無意識で行うようにする行為だ。できるだけ無意識で動きたいというのが人の本能なのだ。本能は、人が無意識の自動操縦で生きられるように導いてくる。

観察とは、それらの無意識で行っている行為を、全て意識下にあげること。

つまり観察とは、本能に抗おうとする行為だ。

既知のことを観察して、手放していくと、あいまいな世界になる。正解などない世界になる。あいまいな世界は、不安だ。その状態で居続けるのは勇気がいる。しかし、あいまいな状態になって、世の中を観察する。自分の感情を観察する。そして、自分の感情に従う。それが、僕の目指している生き方で、世界をあいまいなまま味わうことにどうやったら慣れるのか、ということを考えている。

絶対の反対とは何か

僕が観察力を鍛えたいのは、わかりたいからではない。わからずに、あいまいな状態のままでいるために、観察力が欲しいのだ。

第1章で、「いい観察は、問いと仮説の無限ループを生み出す」と定義した。無限ループが起きていると、いつまでもわかった状態がこない。「わかった！」と思っても、いい観察によって、すぐに次の「わからない！」がきてしまう。いい観察が起きていると、自然にあいまいな状態にい続けてしまう。

いい観察では、絶対的な答えなど見つからない。

ここでまた『宇宙兄弟』のエピソードから考えてみる。『宇宙兄弟』は、すごくリアルに登場人物の人生を描いている。だから繰り返し読みながら、人生について考えることができる。僕はもはや作品を編集しているのではなく、作品を通じて人生について振り返り、そこで感じたことを小山さんに伝えているような感じだ。

弟のヒビトは、自分の中に絶対があるという。絶対をもっているヒビトは、一直線に夢に向かっていく。

一方、能力はあるけれど、ウジウジと悩んでばかりのムッタは、夢へと向かっていくことができない。紆余曲折ばかりの人生だ。

しかし、困難にぶつかったとき、ヒビトは、パニック障害になってしまう。絶対をもっていて、あいまいさがなかったヒビトは、自分の能力ですぐには越えられない壁にぶつかり、精神をコントロールできなくなる。

あいまいさをもったムッタは、どんな困難にも淡々と立ち向かい、一見無理そうにみえる困難も回避していく（ムッタの場合、困難を打ち負かすというより、回避するという言葉がぴったりくる）。

パニック障害だったヒビトは、NASAの宇宙飛行士という立場を捨て、日本人でありながら、ロシアの宇宙飛行士というなんともあいまいな立場になる。そして、復活していく。ヒビトの中から、絶対がなくなり、あいまいを受け入れたときに、ヒビトが立ち直れたというのは、とても示唆深いと僕は思っている。小山さんは、「絶対からあいまいへ」などということを考えてストーリーを作ってはいない。ただただ、リアリティのあるストーリーを模索したら、そのような展開になったのだ。

「絶対」の反対は「相対」ではない、「あいまい」と僕に教えてくれたのは、コミュニケーション論の研究者、若新雄純さんだ。相対的とも、客観的ともちょっとニュアンスが

それで絶対宇宙に行きますあと月にも
絶対行きます!
絶対……
はーいどーもありがとう熱いねぇ〜〜
お兄ちゃんはどう?
えっ
ボ…っ
……ボクは
行けたら行きます
ガタタ
………
ムッちゃんが行かなくても……俺は絶対宇宙に行くからな
………

君は……アレだね日々人君
昔から「絶対・絶対」とかる〜く言っちゃうけども
世の中に
〝絶対〟なんてないんじゃねーかなぁ……
……
そうだな
世の中には〝絶対〟はないかもな
え……
でもダイジョブ
俺ん中にあるから

ガタガタ
ロケットロードは寄り道をしない
後戻りもしない
ただ一直線に
宇宙へ伸びる道
まんまお前みたいだな
日々人

『宇宙兄弟』（7巻）

違う「あいまい」。

若新さんは、福井と東京を行き来していて、自分がどこに住んでいるのか、福井の人なのか、東京の人なのか、あいまいな状態で、それが思考を刺激するという。僕にも、地方移住を推薦した。福岡移住は、若新さんによる居場所をあいまいにするすめの影響も多分にある。

経営者になったばかりの頃、先輩経営者から『ビジョナリー・カンパニー』を薦められて読んだ。

ビジョナリー・カンパニーは、この「ORの抑圧」に屈することなく、「ANDの才能」によって、自由にものごとを考える。「ANDの才能」とは、さまざまな側面の両極にあるものを同時に追求する能力である。AかBのどちらかを選ぶのではなく、AとBの両方を手に入れる方法を見つけ出すのだ。

ジム・コリンズ（著）山岡洋一（翻訳）『ビジョナリー・カンパニー』

ORで判断を繰り返していっても、会社は大きくならない。ORでいる限り、会社の器は小さいままだ。ANDの思想で、前に進んでいく。

一見、優柔不断にも見えるこの思想は、あいまいさのすすめでもある。あいまいさを残したまま、どうやって実現していくのか。現実が、ANDであるときに、会社という虚構だけORに逃げ込んでも、現実にうまく対応できない。この本を初めて読んだとき、ANDを実現するアイディアを発明しろという話だと僕は理解した。今は、あいまいさを受け入れる余裕をもてという話だと理解している。

多様性とはあいまいな世界

あいまいな思考法を受け入れることは、自分の生き方の個人的な追求というだけでなく、今の時代に合っていると僕は考えている。

19世紀のロンドン万博は、工業化社会の象徴だった。それまではテーラーメイドで、一つ一つ違うのが当たり前だったが、工業製品として、スタンダードが求められるようになった。万博は、最高のスタンダードを世界に披露する場だ。

人々は、スタンダードを手に入れたいと思った。マイホームをもち、マイカーをもつ。様々な家電をもち、休みの日には旅行をする。理想のスタンダードを手に入れるために、高学歴を手に入れ、有名な会社に入る。どうやれば、スタンダードが手に入れられるか。

スタンダードという「正解」が明確で、絶対的であれば、工夫をして、効率化をすることも可能だ。僕たちは、工業化社会、資本主義社会を成立させるための正解を、自分の人生の正解と勘違いして、追い求めてきていた。

アナログ時代は、大量の情報を処理することができなかった。だから、効率を求める中で、現実を扱いやすいように簡略化して、認識していた。

ネットが普及してから、大量の情報処理が行えるように、ロボットやＡＩが、人間の今までやっていたことを代替する。そこで生まれた時間で、自分たちらしさ、あいまいさと向き合う余裕が社会全体に生まれている。

たとえばＬＧＢＴＱは、昔からずっと存在していた。しかし、社会がその人たちのことを意識する余裕がなかった。男女という２つだけのわかりやすい概念で、あいまいさを排除することで、社会を運営していた。当事者たちは違和感を覚えつつ、その感情を押し殺して、社会に合わせて生きなければならなかった。

現実には、あいまいさがあふれている。それを社会の常識、既知の枠組みで見ている限り、そのあいまいさに気づくことはできない。あいまいさは、自ら観察によって発見しにいき、そしてそれをあいまいなまま受け入れなければいけない。多様性のある社会とは、あいまいさを受け入れる社会である。頭では、理解できる。しかし、実践していくとなると一筋縄にはいかない。いまだに社会は、スタンダード（標準化）とダイバーシティ（多様性）の間を揺れ動いていて、変化の時期だ。

学校教育においても、仕事においても、一般的に今までは「わかる」はいいことだとされてきた。「物分かりが良い」「理解が早い」「飲み込みが早い」は褒め言葉として使われる。

スタンダードを目指すのなら、同じことを繰り返していくので、仕事は定型化される。定型化された仕事を「わかる」の価値は高い。正しい手順がわからないと作業ができないからだ。作業の場合、アウトプットを見れば、わかってるかどうかは一目瞭然となる。わかっている人が、わかっていない人を採点することができる。

学校教育で言われる「わかる」とは、基本的に作業の手順を「知っている」ことを意味する。知りさえすれば、わかるになり、社会の中で価値をもつ。司法試験も、医師国家試験も、国による様々な資格は、知っているかどうかを確認するものだ。

ネットにより知っていることの価値が下がり、同時にわかることの価値も下がった。あいまいな状態、わからない状態で、どう思考し、行動するのかの価値が、相対的に上がってきている。

しかし、学校、仕事で染み付いた思考習慣は、簡単に捨てられない。

大学に入学してすぐ、教授にこんなことを言われたことを覚えている。

「18歳の君たちは、世の中でもっとも保守的です。教科書に書いてある『わかったこと』ばかりを頭に詰め込んでいる。でも、革新的なことを考えるには『わからないこと』を学び続けないといけない。大学とは、わかったことを教える場ではなく、わからないことを一緒に学ぶ場です」

この言葉の意味をずっと僕は考えていた。それでもやっぱり「わかった」を追い求めることがやめられなかった。編集者として、本が売れることは、わかりやすい正解だ。その正解を手に入れるために、いろいろと工夫を続けた。ずっと正解を思い求めていた。

40歳になったときに、なぜ『論語』で「不惑」というのだろうかと考えた。自分は惑わなくていいような正解を知らないと思った。でも、ふと、そうではないかもしれないと気づいた。あれが正解かもしれない、これが正解かもしれない、と惑わなくなる。それは、絶対的な正解を手に入れるということを意味しない。まったく逆で、「わからないこと」「あいまいなこと」を受け入れられているから、惑わず、なのだ。正解を思い求めるのをやめること。わからないに向き合い続けるのが、不惑、40歳頃なのだ。

編集者が作った本が売れるのも、結果であって、目指す正解ではない。あいまいさを受け入れ、わからないと向き合うとは、目的を手放すことでもある。目的があると、目的が正解になる。わからないへの向き合い方だけに集中する。起きることは、全てその向き合い方の結果だ。結果を見て、向き合い方を変える。結果を目的にしない。

「わかる」はまったく理想の状態ではない。

「わかる」から遠ざかろうとして、世の中を観察すると、違う世界が見えてくる。

正解主義と思考停止ワード

会話の中の「わかる」とは、心のシャッターを下ろす言葉でもある。

会話で「わかりました」と答えられると、それ以上、その話題は続かない。こちらは、まだ話したいこと、伝えたいことがあっても、打ち切られてしまう。「わかった、わかった」と二回答えられて、「いや、絶対にわかってないだろ」とイラッとした経験は誰しもあるだろう。日常会話における「わかった」とは、多くの場合、話題を変える建前になっている。

コーチングを学んでいると、「わかる」という言葉を簡単に使ってはいけないことを知る。「わかる」は相手を傷つけることがある。

傷ついている相手に「僕も同じような経験があるから、あなたの気持ちはよくわかります」と告げると、「あなたの経験と私の経験は違う。あなたに私の気持ちがわかるはずない！」と、相手がそれ以上話すのをやめてしまうことがある。もっと話してほしいと、共感を伝えた言葉が、逆効果になってしまう。

「わかる」という言葉で、先に自分がシャッターを下ろしたために、傷ついている相手も下ろさざるを得なくなる。感情がまだ整理できず、自分でもどうしたらいいのかがわからない状態のときに、「あなたの気持ちはわかった」と言われると、突き放されたように感じてしまうのだ。自分でもまだわかっていない気持ちを、人にわかられてたまるかと。

わからない状態に身を置き続けるとは、思考を停止しないということだ。観察をし、仮説を立て、問いを見つける。それを続ける。そう考えると、「わかる」以外にも思考停止ワードを日常的に使ってしまっていることに気づく。わかるときに分けてしまって、思考しない状態に置いて、放置してしまう言葉たち。

一見、謙虚に思える言葉も、思考停止を促す言葉だったりする。正解を思い求めるあまり、正解が難しいと思うとその事象を自分から遠ざけて、見ないようにしてしまう。

たとえば、「苦手」。多くの人が苦手と言っているとき、単に経験回数が少ないだけなのに、もう無理と諦めてしまっていることがある。「難しい」「頑張る」といった言葉も、思考が停止している。解像度を上げて観察することを放棄したことを宣言する言葉だと感じる。正解を追い求めるのをやめて、納得解を探そうとしているとき、「難しい」「頑張る」という言葉は出てこない。

正解主義をやめることはなかなか実践できない。

息子の通っている塾とのやりとりで、僕自身も正解主義にどっぷり浸かっていることを思い知らされた。息子は、『ドラゴン桜』の編集をやっていたときに知り合った、高濱正伸さんが代表を務めている「花まる学習塾」へ通っている。そこで当時小学2年生の次男が作文指導を受けたとき、保護者に説明があった。「子どもに対して、漢字や句読点をはじめとした言葉遣いの間違いを指摘するのは控えてください」と言われた。なぜなら作文で大切なのは、正しい言葉遣いではなく、「自分の感情」を伝えることだからだ。

間違いを放っておくのはよくないとも思うかもしれない。しかし言葉遣いの間違いは本質的な間違いではない。ミスを指摘するのは、親としては簡単だ。言葉遣いの間違いは、どんな子でもある程度の年齢になれば自分で直すことができる。2年生のときのミスのまま、大人になる子はいない。

親が間違いを細かく指摘しだすと、子どもは間違いのない作文を書くことを優先させてしまう。間違いのない作文を書くことを目的にした子どもに、感情を出させるのは難しい。だから、細かい間違いを指摘するのではなく、作文に書かれている子どもの感情に対して、感想を伝えるようにしてほしいというのだ。

僕は、自分がどれだけ正解主義の中にいるのかを実感した。もしも、間違えている人がいたら、それを指摘するのが「親切」だと思っていた。しかし、それは正解主義の中の親切だ。あいまいな世界の中にいたら、間違えていることは気にもならない。そして、その間違いに、本人は自分で気づく。そのときに、本人が改めればいい。他者が関与する必要はない。

「すること」と「いること」

正解主義の中にいると、「すること」にとらわれる。

何をすると、いいのか。どうすればいいのか。そういうことをずっと考え続ける。自分は何をしたいのか?

そんな自問自答を繰り返す。「する」を積み重ねることで、夢を実現したいと考える。休日の予定ですら、「何をするか?」と考える。僕らは「する」ばかりを考えている。

「する」には、「する前」と「した後」がある。始まりと終わりで区切ることができて、「したこと」を観察しやすい。「したこと」が正解だったのかどうか、判断することができる。

あいまいさを受け入れるとは、することに注目しないということだ。

することは「いること」の結果でしかない。「どういるか」を観察して、「あり方」について考えるのだ。

子育てにおいても、作家の育成についても、僕は自分が彼らに何をするのかということばかり考えていた。「する」ことで相手に影響を与える。だから、間違っているとそれを指摘しにいくのは、すごく当然な行為だった。しかも僕自身、自分のしていることが、正しいと実感してしまう。

しかし同時に、相手に影響を与える何かをするということは、相手はそのままではいけない、変化したほうがいいと伝えることでもあり、相手を信頼していないということでもある。相手を信頼していたら、相手に何かをする必要がない。何かをするときは、贈与として、相手がそのときには気づかない形でするのが、相手を信頼しながら、する行為だと考えるようになった。

相手のために、何をするか、できるかではなく、相手のためにどう「いる」か。

いることについて考えていると、「いる」の中には始まりも終わりもないと気づく。「いる」という状態があるだけだ。

正解主義の中にいると、過去と未来にこだわる。

それを手放し、あいまいさを受け入れると、今だけになる。

すると、自然と今に集中することができる。

僕はこの本を書きながら、自分の思考がここにたどり着けたことに密かに興奮している。

「あいまいを受け入れること」「いること」「今に集中すること」「目的を手放すこと」これらは、僕にとって別のことだった。

しかし、この本を書きながら、その4つが密接に結びついていて、同じことを違う側面から描写しているにすぎないと気づくことができた。僕は何かをわかったのではない。気づき、新たな問いの入口に立ったのだ。

あいまいなものを観察するにはどうすればいいか、僕自身、書きながら考え続け、ここまで到達できたことに相当の充実感がある。これまで3冊の本を書いたが、書くことにより、より自分を好きになることができたのは初めての体験だ。そろそろこの本を書き終えていいと感じているが、読んでいる人の多くは、唐突でついてこれていないようにも感じる。しかし、本とはそのようなものである、とも言えるかもしれない。言葉にのせられた感情は、熾火《おきび》のようにゆっくりと熱を蓄える。受け取った人の中で、時間をかけて、時差で感情が転移していく。具体的にして、わかりやすくしようと試みる必要がないのかもしれない。

とはいえ、あいまいさを受け入れるとは、わかり合えない状態を放置するということではない。わかり合おうと常に試み続け、その中であいまいさを受け入れることだと考えている。だから、もう一度、「あいまいさを受け入れる」について、語り直してみる。

あいまいの4象限

僕があいまいさを考えるのをサポートしてくれたのは、コミュニケーション研究者の若新さんだ。若新さんが考えた、あいまいさの4象限を使って語り直す。

「あいまい」と「絶対」の横軸。

「創造」と「模倣」の縦軸。

「あいまい×模倣」を第1象限。「絶対×模倣」を第2象限。「絶対×創造」を第3象限。

「あいまい×創造」を第4象限とする。

第1象限「あいまい×模倣」と第2象限「絶対×模倣」

まずは、第1象限「あいまい×模倣」について。

全ての学びはここから始まる。どんなこともまずはここからだ。あいまいを受け入れているのではなく、未分化の状態。何もわかっていることがなくて、あいまいな状態だ。この状態を脱するためには、模倣が有効だ。たくさん真似る。型を身につける。型とは、絶対であり、思考せずに、まずは身体に覚え込ませる。無意識にできるようになることが一番いい。

学校の教科書には、「絶対」が載っている。何度も繰り返し学び、暗記することが重要。ここでの観察の対象は、「見えるもの」だ。科学は、第1象限から、第2象限へと移行しようとする試みだ。絶対であり、模倣できるものは、再現性が高い。第2象限で努力しているときは、論理的であり、再現性があることが良いとされる。

この第1・第2象限と資本主義の相性はいい。お金とは、数値で測ることができる絶対だ。お金で交換可能なことが大切である。

この象限では、誰が「すごい」のかがすぐにわかる。絶対を身につけているかは、

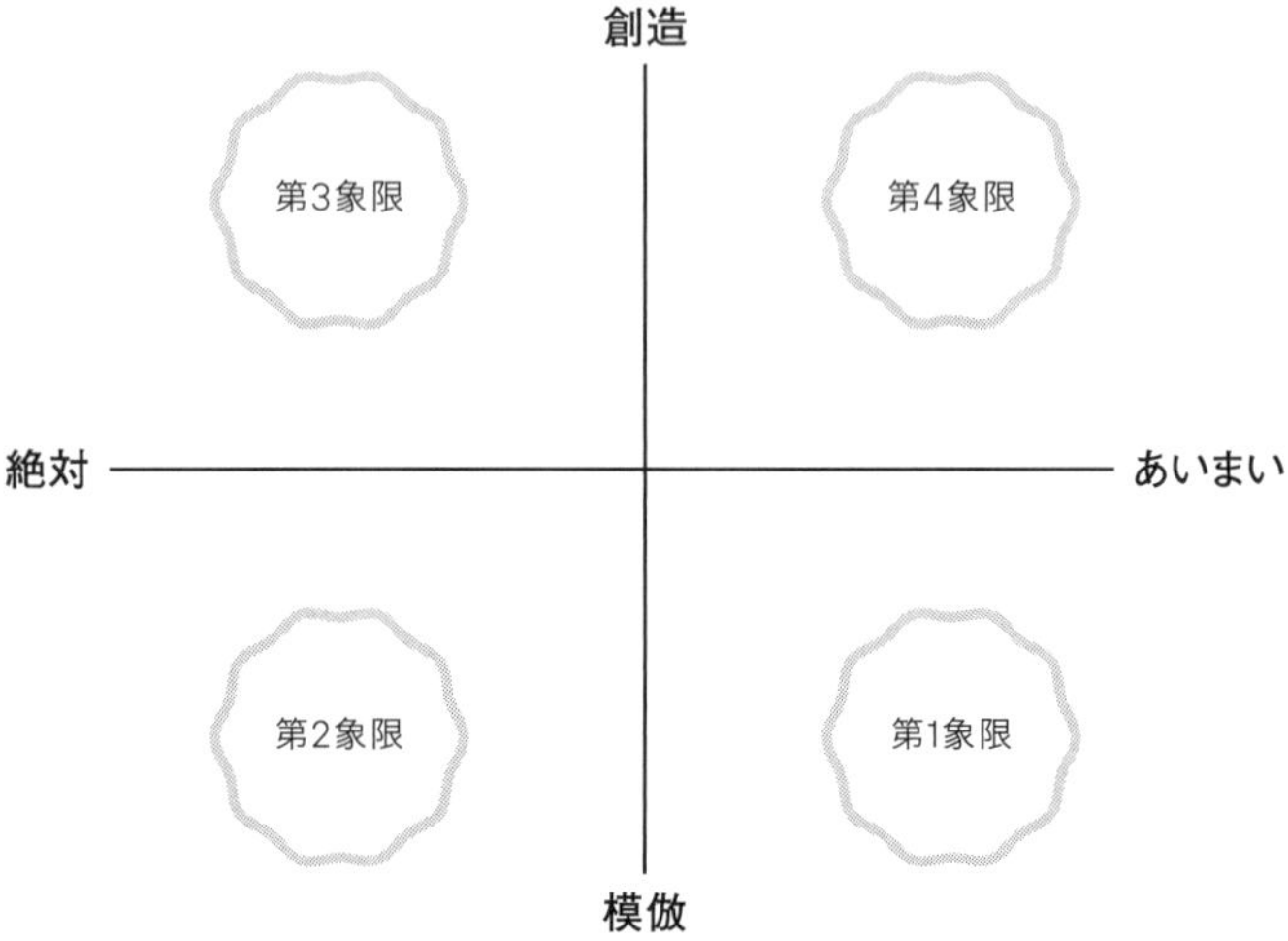

テストで測ることもできる。たくさん行動して、経験を積めば積むほど、成長が早くなる。積み重ねることができるから、成長という概念がしっくりくる。

第1象限から、第2象限へと移行するために必要なことは、たくさん暗記し、テストを受けることだ。先行者は、後から来る人を教えることができる。できているか、わかっているかを採点することが可能だ。圧倒的な正解主義の価値観でもある。

第2象限の象徴は、アップル、トヨタ、ユニクロ、マクドナルド、コカ・コーラだ。偉大と呼ばれるこれらの企業は、ｉＰｈｏｎｅ、プリウス、フリースとスタンダードな商品を作り出した。それは、再現性をもって生産することができる。模倣可能なスタンダードを作る会社が、第２象限の中で活躍する。

オリンピックも、第２象限のトップを決める祭典だ。金メダルがトップであるとわかりやすい。タイムや得点で勝負が決まる。スポーツのような勝敗がはっきりとわかる世界、ルールが明確にあるのは、第２象限の世界観だ。

また第２象限は、「する」ことが目的だ。何を、どうすればいいのか指南するビジネス書は、第２象限の中では役に立つ。

この象限では、絶対に向かって一直線に進むほうがいい。なので、思い込み、自信は武器になる。バイアスは、この象限で活躍するためには、重要な武器なのだ。スピードをもって脇目を振らずに努力したいから、腹落ち感、納得感をもちたいという気持ちが湧く。

第３象限「絶対×創造」と第４象限「あいまい×創造」

「創造」とは、「新しいもの、オリジナリティがあるものを生み出すこと」と辞書では定義されている。

新しい、オリジナリティがあるものとは何か？　もはや、モノや概念があふれ、全てが何かのアップデートであり、本当に新しいものを見つけるのが難しい時代だ。

僕は、それぞれの人の「感情」「実感」が入ったものが、「創造的」だと考えている。つまり、「創造」とは、一部の人の特権ではなく、全ての人ができることだ。「感情」という見えないものを観察することができれば、創造的になれる。

第1象限から、第2象限へ行くのに必要なことは、暗記。型を身につけることだった。第2象限から第3象限へ行くのに必要なことは、「感情」「バイアス」の理解と活用だ。

絶対を離れて、多様な価値観を受け入れていくためには、バイアス、感情を使って無意識に判断をしているのを止めないといけない。判断を保留して、そのものをあるがままに観察しようと試みる。ここでは、「成長」というものはない。前回やったことと今回やったことがどうつながっているのか、それは誰にもわからない。やることに腹落ち感を事前に求めることはできない。

どのような結果になるのかを自分も知らないからやるのだ。一期一会の考え方になってくる。偶然の出会いが重視される。第3象限の世界観にいると、人生は旅だろう。一方、第1、第2象限だと、人生の世界観は双六《すごろく》になる。

大切なのは、「する」ことではなく、「いる」ことだ。

今、社会全体がウェルビーイングを目指そうとしているが、それは第3象限、第4象限の領域を増やしたいと思っているということだ。第1、第2象限がなくなるわけではない。しかし、第3、第4象限もないと、息苦しいと誰もが直感的に感じ、変化を望んでいるのだと思う。資本主義の限界ということが言われるが、それは第1、第2象限だけで世の中を理解しようとすることの限界、ということを意味しているように思う。

お金という「絶対」にとらわれていると、交換が重要になり、コストパフォーマンスを意識する。そこを離れると、投げ銭やクラウドファンディングという、お金と何を交換しているのかがあいまいな行為をするようになっていく。応援課金や寄付が増えているのも、この象限的な世界観が広がりつつあることの証左のように思える。

ここで僕が注目しているのは、「ゆるスポーツ」だ。広告代理店のクリエイター・澤

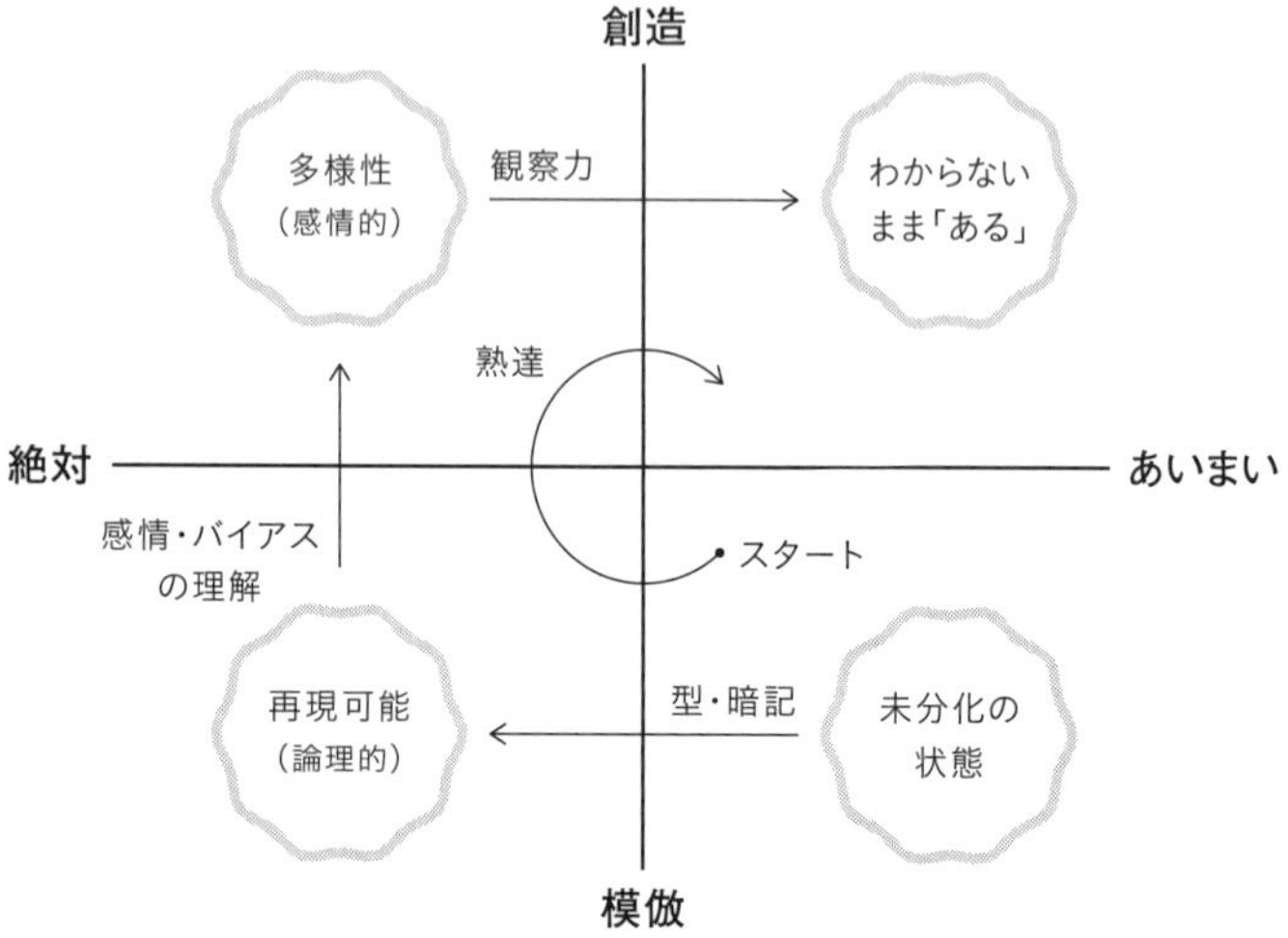

田智洋さんが、お子さんが障害児だったことをきっかけに始めた活動だ。スポーツは、厳格なルールの下、誰が強いのかを競うものだった。それを、「身体を使って、どう楽しむか」へ概念をシフトしたのが、ゆるスポーツだ。ゆるスポーツでは、勝敗は重要ではない。勝たなくても、身体を動かして、感情がたくさん動いて、楽しめたらそれでいい。ルールははっきりとあるけれど、勝ち負けはあいまい。まさに、今の時代に呼応した遊びだ。優劣を決めない。それぞれの人が、それぞれの人ならではの楽しみ方をする。

これからは、エンタメの時代、感情

の時代だとも言われる。ゲームや映画のエンタメ企業が、世界的な企業となっている。ディズニー、Ｎｅｔｆｌｉｘ、ソニーなどは、これからもっともっと存在感を増していくだろう。

第3象限のエンタメは、感情を動かすことが、重要になる。平野啓一郎が、『「カッコいい」とは何か』の中で指摘したが、多くの人は自分の感情の変化にそこまで意識的になれない。だから、泣いた、鳥肌が立ったというわかりやすい体感が重視される。今、映画にしても、本の帯にしても、泣いたこと、どんでん返しで驚いたことを伝える宣伝があふれている。

さらにエンタメに特化して第3象限を説明すると、この象限では、作者が自分の「わかっていること」を表現している。友が死ぬと悲しい、夢が叶うと嬉しい。第2象限の世界を、論理ではなく、感情で表現した作品がいい作品とされる。絶対の部分は、第2象限と共鳴しているから、当然と言えば当然なのだが。作者が、インタビューで「作品に触れた人を元気にしたい」と答えていることも多いようにエンタメには、目的があることが多い。

正直、第3、第4象限については、僕も解像度が高くない。この2つの象限を理解するために、観察力が必要だと感じ、この本を書こうと思ったのだ。なので、このようなものではないか、という推測でしかない。

第4象限に関しては、どんな社会なのか、どんな人の振る舞いになるのか。具体がまだ思いついてない。ただ、本質をとらえたアートは、この第4象限のように感じる。だから、僕は第4象限にある作品について語る。この象限にある作品は、感情を描きながら、あいまいである。描き方、表現方法が型破りな場合もあるだろうし、表現は型通りでも、描いているテーマがあいまいなこともあるだろう。作品に目的はない。余白があり、解釈が多様に可能である。多くの新人の作品は、伝わり方があいまいだが、第4象限の作品は明確に伝わる。伝わりながら、伝わる内容があいまいであることだと僕は考えている。

社会が「あいまい」を求めるようになってきた

第4章でも触れたように、AIやロボットの浸透により社会は論理よりも感情を求めるよう変化していくと予想している。これはまさに4象限の4つめの領域、社会が〝あいまい〟を求めるようになってきた、とも僕は見ている。

これまでの社会は、人間が自然をコントロールしようとしてきた。それが、文明の発達だと考えられ、実際にそのような歴史を辿ってきた。現代においては、あいまいの代わりに、科学的であることがいいとされていた。

科学的手法とは、人間が観測できるデータに基づいて仮説を立て、その仮説を実験や観察によって検証することで、再現性のある結論を導き出すプロセスだととらえている。しかし、この手法は観測可能なデータに依存するため、あいまいで観測できない現象や要素は捨象される。

たとえば心理学や物理学では、計測が難しかったり、数値化することができなかったりする領域やテーマがある。そのようなあいまいな対象は、非常に単純化されて、理解されたりしていた。

一方で、東洋思想などはまさに、解明がむずかしい事象を西洋思想よりは比較的うまく取り扱ってきていた。昔の人はむしろ、そのようなあいまいな対象を考え、とらえるのが僕らよりもはるかに上手だったように思う。

科学的手法もようやく、複雑で解明が難しい対象についても、取り組めるようになってきた。量子力学などはいい例だし、マインドフルネスは、東洋的思考法が西洋的思考法で語り直しが起きている現象だと思う。

「あいまい」を伝えるために物語はある

感情にまつわることは、白黒つけることが難しい。それに、身の回りで起きていることを、科学的に説明できたとしても、感情面は整理できない。科学的手法では、取り扱うことができないことに向き合っていく必要があるのが人生だ。

例えば、小さな子どもに身近な人の死を伝える場合などだ。

死とは何か。ＡＩに聞いてみると、こんな説明が返ってきた。

科学的に「死」を説明すると、死とは生命体の全ての生物学的機能が不可逆的に停止する状態を指します。具体的には、心臓が停止し、脳が機能を停止し、細胞レベルでの代謝活動が完全に止まることです。これにより、組織や臓器が再生不能な損傷を受け、個体としての生命維持が不可能になります。

僕の叔父が亡くなった時、孫世代は、先に天国に行って、そこから見守ってくれてるのだよ、という説明を受け入れていた。物語は、さまざまな知識レベルの人に現実を受け入れてもらうための、有効な方法なのだと思う。

以前の僕は、妖怪や妖精の話には興味がなかった。稚拙な昔の人たちによる作り話だととらえていた。最近は、子どもを失ったコミュニティが、そのことを受容するために生み出した知恵の結晶体だと感じている。

白黒はっきりつけること、わかりやすく説明すること、そういう能力を重要だと思っていたが、あいまいなままでも、周りの納得を生み出し、前に進む力も重要ではないかと考えるようになった。

編集者としての自分のキャリアも含め、自分のこれまでの人生の歩みを振り返ると、白黒はっきりつけようとしていた時期から、あいまいを受け入れる時期へと移行していると感じる。

たとえば10代〜20代のときは、早く成長しようと、勉強でもスポーツでも、とにかく徹底的に経験を積み、スキルを身につけてきた。受験勉強を頑張り、入試で結果を出そうとするのは、白黒はっきりできることを頑張ってきた証拠だ。世間がいいとしている正解を手に入れることで満足していた。正解がわかる問題を見つけて、取り組んでばかりいたのだと思う。

仕事、編集に関しても同様だ。どのようなスキルを身につけたら、自分が理想とする、売れる本が作れるのか。どんなコミュニケーション能力を磨いたら、作家たちとより深い議論ができるのか。そのようなことばかり考え、実践していた。売れる本を作ることは簡単なことではないが、正解が見えているので、工夫をすれば実現できる。そして、毎年、誰かがヒット作を生み出しているわけで、打席に立ち続けると確率は上がる。

このような、正解を実現するためのスキルをそれなりに身につけてきた。そうすると、そのスキルを活かせる場所で活躍したいという気持ちになる。身につけた自分の強みを活かすという考え方をするあまり、新しいことに挑戦できなくなってしまう。

しかし、それでは世の中を見ていることにならない。世界のごく一部にしか触れてないことになってしまうのではないか。そう感じるようになってきた。

正解が何かわからない、けれど挑戦しがいを感じることに向き合いたい。自分に見えていない世界が何なのかが、気になるようになってきている。

「あいまい」は意外と世の中にあふれている

何が正解なのだろう？　そんな問いを持って、世の中と向き合っていたけど、正解なんてないのだと思うと、世の中の見え方が変わってくる。正解があると思ってると、議論が二項対立になりがちだ。どちらがより正しいのか、という議論になる。しかし、どちらもが正しいことがありえる。

高校の授業に「公共」という新しい科目が足され、「公共」の教科書の編集を僕が手伝うことになった。

その時、なぜ「公共」という科目が増えたのかを取材した。社会全体が貧しかったときは、何が公共的か、意見が一致しやすかった。公共的なことに正解があった。だから、公共事業というものが生まれた。しかし、社会が豊かになってくると、何が公共的か、正解がなくなった。公共的なものは、話し合いの中でバランスを探っていくものになった。

例えば、新薬の開発に関与している官僚のことを考える。ある時は、難病の自分たちに生きる希望を与えてくれてる神様みたいな存在だと、尊敬される。そしてある時は、薬害被害を生み出す存在だとして、罵られる。

全く同じ仕事をしていて、感謝されることと呪われることが同時に起きる。感謝されたいと思っても、常に感謝だけをされるようにすることなどできない。少しだけでも、自分が善だと信じることのバランスが多ければ、そちらに賭けて、仕事をするしかない。

正解などない。白黒はっきりつけたりできない。新薬を作るか、作らないか、という二項対立で考えることはできない。誰も答えを知らない。その中で、あいまいな結論を導き出して、前に進んでいかないといけないのだ。実のところ、そんな仕事は多い。

自然を守るために、ダムをつくらないのか。では、ダムを作らないことで起きる水害は許容するのか。どちらが正しいのかなんて、立場ですぐに変わってしまう。明確な正解があり、それを実現すればいいときは、繰り返していれば必ず正解には辿り着ける。世の中が簡単じゃないのは、明確な正解などなくて、あいまいだからだ。教育では、正解があることばかりを学ぶ。しかし、世の中は、正解がない、あいまいなことの方が圧倒的に多いのだ。

わからないこと、あいまいなことをそのまま伝える

僕は、どんな編集者になりたいのだろう？

大ヒット？　世界中で読まれる作品？

結果としてそうなったら、そのことを喜びはするだろうが、それは僕の目的にはならないと最近は考えている。

わからないことをわからないまま伝えている作品を、僕は編集したい。

人は自分でも扱いきれない「わからなさ」を抱えながら生きている。そのような「わからなさ」をないことにして、現実的に生きて、快を思い求めることもできる。

しかし、僕はその「わからなさ」を味わい尽くすことが、よく生きることだと考えている。そして、科学も経済も宗教も哲学も、人の行いの多くは、そのわからなさをそれぞれの方法で解明しようとしている。

けれども、アートは、特に文学は、「わからない」ものを「わからないまま」描き、「わからなさ」を抱えている人に寄り添う。

本質的な文学は、登場人物の葛藤の体験が、そのまま読者に移転する。

僕はいつも人生が一回限りで、自分の視点からしか人生を味わえないことを残念に思う。その一回性に抗おうとする行為が、文学を味わうという行為だと考えている。そして、それを受け手として味わうよりも、作家とともに試行錯誤しながら味わうほうが、より深く感じ取れると考えている。

僕らは、どこから来たのだろう？

そして、どこへ向かうのだろう？

中学生で南アフリカにいるときに、祖父が死んだ。死に顔を見ず、お葬式にも出なかった僕は、彼と長く会ってないだけのように感じる。南アフリカでは、国語の先生が事件に巻き込まれて殺された。彼女は、ただ予定よりも早く日本に帰っただけで、僕らに挨拶をしなかっただけのようにも感じる。

死ぬとはなんだろう？

なぜ、この人は、僕と一緒にいようと思うのだろうか？

そんなシンプルな問いであれば、それなりの答えを見つけてわかることができる。楽しいから。仕事だから。仕方がないから。いろんな理由を見つけることができる。

しかし、そんな問いにも答えない。あいまいなまま、向かい合い続け、観察する。そして、観察したことを、わからなさ、あいまいさを抱えたまま、物語にする。その物語自体は、あいまいではない。どんな主人公がどんな課題に立ち向かっていくか、あらすじは明確だ。わからないところもない。しかし、はっきりとわからないもの、あいまいなものを伝え、人があいまいなまま前に進む勇気をそっと添える。

いい物語は、わからなさを抱えたまま生きる人物を描いている。これぞ人間というものを描いている。いい物語には、必ずキャラクターがいると僕は思っている。僕はそのような人物が登場する作品に寄り添ってもらって、歳を重ねてきた。だから、僕がその受け取ったものを引き継ぎたいと思っている。

資本主義社会の中で、作品が交換可能な、評価されるものとしてどんどん生み出されていく。その枠の外にある作品を生み出しながら、同時にこの社会の中で安定した生活を築くにはどうしたらいいのか。第2象限を中心とした社会の中で、第4象限に向かおうとしたとき、どこに重心を置けばいいのか。そのような問いに僕は向き合っている。コルクを創業して、10年ほど経ち、自分が目指しているものがなんなのか、朧げに言葉になってきた。

「測らない勇気」

つのだふむ

これで何度目だ
つのだふむ・・・
フラ・・・
クソー
またか・・・
おろかものめ…
キサマの小さなものさしで
なにかを測ってもだいたいまちがいだ
ぬ・・・・
こいつの唯一の消し方は・・・・
パキッ
ものさしを割ること!!
・・・・・・
オメーは自分のケツのことも大して知らん

何かを知って「測れそう」と思ったときに
ここはどこだ…
測らない勇気を持ち
わかりそうでわからないものを
キノコ類…？
いや決めないどこう…
わからないまま抱いて眠る。

観察とは愛である

いい観察をするには、バイアスを意識しないといけないとか、ここまでいろんなことを書いてきた。そして、最後に、観察にとって最も重要なものに気づいた。

それは、愛だ。

対象への愛がないといい観察ができない。愛さえあれば、時間はかかるかもしれないが、いい観察ができる。そして、いい観察ができると、より愛が深くなる。

対象を判断せずに、観察をし続けるというのは、時間がかかる。判断をしないのだから、終わりがない。どうしてもすぐに判断をして、行動をしたくなる。変化を促したくなる。それに堪えることができるようにするのは、相手への深い信頼にもとづいた愛だ。

子どもの行動を見て、僕たちは子どもの将来を判断しない。まだまだ可能性がたくさんあると思って、判断保留をして観察し続けることができる。それは、愛のある眼差しで子どもを見続けるからだ。

いい観察は、「する」ではなく「いる」を見る。「する」は、結果が出る。結果で判断できる。だから、ていねいな観察は必要ない。「いる」というあいまいなものを観察しようとすると、圧倒的な時間を一緒に過ごさなくてはいけない。そして、その時間の中で何も「する」ことなく、観察をしなくてはいけない。

つまり、暇で退屈な時間を過ごさないと、あいまいな「いる」の観察にたどり着くことができない。「いる」を観察するとは、あいまいな、揺れ続ける人とその人の関係性を観察するということだ。つまり、それは、無限に広がる「何ではないか」を観察し続けるということだ。その人が見ている何かを観察するということだ。中心は「空」であり、その周りを観察し続けることが、あいまいなものの観察なのだ。

ここで、大学時代の詩の授業で、講師が僕たちに投げかけた、ふとした問いが僕の頭をよぎる。

「君たちは、死ぬのが怖いんだよね？　なんで夢中になりたいの？　夢中になると一瞬で死がやってくるよ。退屈だと生をたくさん楽しめるんだよ」

退屈のほうが、人生を味わい尽くせる。これは僕の思考の外の概念だった。

夢中から、暇と退屈な人生へ

僕はコルクを創業してからずっと夢中で仕事をしていた。スケジュールは朝から晩まで埋まっていた。つまり、僕のカレンダーは「する」で埋まっていた。「する」で埋めて、何かをしていると不安を感じる暇もない。

僕が福岡へ移住したのは、「する」から遠ざかるためだ。都会は「する」があふれすぎている。僕が、「あいまいなものをあいまいなまま伝える」作品を生み出す編集者になるためには、「いる」を観察できるようにならないといけない。そして、暇で退屈な時間を作らないと、僕の観察が始まらない。僕はずっと夢中を探していたけど、今は退屈な時間を確保するために努力している。本当に創造的になるのに必要なのは、夢中ではなく、退屈だと今は考えている。福岡の自然の中で僕は退屈な時間を過ごすのだ。そして、退屈な時間を対象と一緒に過ごすために必要なのは、忍耐力ではなく、愛だ。

僕は創作には、観察力が必要だと言った。一流のクリエイターは皆、観察力を持っ

ていると。愛がある対象を観察して、観察したものを表現する。つまり、愛している
ものを、どう愛しているかを表現している。観察力のある表現とは、愛にあふれた表
現である。

言葉を更新しよう。

一流のクリエイターは、愛にあふれている。

さて、そろそろ筆をおこう。僕はこの本を通じて、観察力についてのいい観察がで
きたような気がする。

第1章で、いい観察は「問いと仮説の無限ループを生み出す」と僕は書いた。今、
僕の頭の中で「愛とはなんだ？　どうすれば、僕の中で、対象への愛をあふれさせる
ことができるのだろう？」という新しい問いが発生している。

僕は40歳を超えるまで、愛を知らずに人を愛そうとしていたということだ。なんて
ことだ。僕はこれから数年間、観察について考えていたように「愛」について考える
だろう。その先、僕は「愛」を理解するために、中動態について考えたいと思うよう
な予感がある。

おわりに

ここまで観察をめぐる旅を続けてきた。最後に言い訳のようになるかもしれないが（認めよう。言い訳だ）、この本に対する僕の考えを書いておこうと思う。

実際に読んでもらえればわかると思うが、今回の本は、言葉の使い方に揺れがある。言葉の定義もあいまいなままだ。第4象限的なあいまいさではなく、第1象限的なあいまいさだ。

思想家と呼ばれる人たちの文章を読むと、本の中で言葉の定義がしっかりとされている。その定義を、読み手が自分の知識で十分に理解できるようになったときには「なんと精密で精緻な文章で書かれているのだろう！」と感動することさえある。だが、その概念に一定の時間接して、閾値へと到達していないときには、「とにかく読みづらい」「読み進めるのが苦しい文章だ」と感じてしまう。思想家の言葉は、彼らの世界観の中では、精緻に定義されているのだが、その定義が現実社会と接続していなくて理解しづらい。
思想家の言葉は、デザイナーの力を借りていない、エンジニアだけが作ったプロダクトのような武骨さ、近寄り難さがある。

今回、本を書きながら、仏教、ギリシア哲学の奥深さに僕は今頃気づいた。僕が書いていることに、もっともっと正確に、深いところまで、仏教とギリシア哲学は到達している。だから、正確な概念に到達するには、仏教とギリシア哲学の研究書を読むといい。良書だってたくさんある(もちろん今回の本を書くにあたってそれらは大いに参考になった)。

しかし、仏教とギリシア哲学のそもそもの言葉も、研究者の言葉も、現代の僕らの言葉の定義と少しずれている。だから、僕は、どの本を読んでも「わかった」という感覚にはなれなかった。すでに書物にまとまって整理された既知の知識だが、なかなか理解することができなかった。
であれば、僕は僕の体験と結びつけて、僕自身のやり方で、観察とはなんなのかを書いてみようと思った。僕は一流のクリエイターのそばにいて、彼らの観察力のあり方を観察することで、観察について理解をしていった。わからないまま思考している様子を文章にすることで、わからない人も読みやすい文章になるのではないかという仮説だ。

その仮説がうまくいっているのかは、僕にもよくわからない。この本は、観察について新しい知を更新するものではない。編集者とは、創作者と世間をつなぐ仕事だ。この本も、観察についての過去の思想と現代をつなごうとする編集者的な試みのつもりだ。

正直にいうと、原稿を読み直す中で、何度も立ち止まった。ところどころ言葉の定義の甘さや、表記の揺れは、激しく気になった。一人の編集者として、このまま出していいのか。改善してから、世に問うたほうがいいのではないか。何度も問うた。だが、完全な「わかった」という状態とは存在しないわけだから、一瞬の「わかった」という現象にこだわることには、意味がないと次第に考えるようになった。あいまいなまま、わかりきっていないままの、ある意味では、いい加減な文章の積み重ねがこの本だ。

この中途半端な状態を、むしろさらけだすことによって「観察について考える参考になった」という人が現れたならば幸いだ。不完全だと感じるまま、本を出して良かったと思えるだろう。

この本に対して、観察に対する考えが甘い、なんだか違和感が残る、と感じた人もいるだろう。それは、僕のブラインドに気づいたということなので、ぜひ文章にしてほしい。モヤモヤした感情をそのまま書いてほしい。僕はそれを読みたい。ソクラテスの「無知の知」は、自分の知の外にある広大なるあいまいな世界の存在を認めることだ。この本は、僕の既知があふれている。本を書き終えることによって、僕はその外へと想像を巡らせることができる。その外の存在を気づかせてくれるのは、読者の反応に他ならない。Xでもブログでも、感じたことを教えてくれると嬉しい。

この本を書く最中に、僕はクリシュナムルティに出会った。彼のこの言葉を、書きながら何度も思い出していた。

「人は自分自身を理解することなしには世界の情況を変化させることに着手することはできません。もしあなたがそれを見るなら、その時即座にあなたの内部に、完全な革命が起こるのです。」

僕は、社会に革命を起こそうとはしていない。しかし、心の中で革命を起こそうと挑戦はしているのだ。世界の意味は解釈の仕方で変わっていく。固定化してしまった解釈に揺さぶりをかけるきっかけとなるのが、世界をそのまま観察する力だと考えている。観察ができると、世界、人生を味わうことができる。

このような僕の考えは、マンガや小説といったクリエイティブな世界に限ったことではなく、ビジネスはもちろん、人生全般に通じることだとも思っている。全ての職業で、観察力を高めると、世界は味わい深くなる。職業というのは、世界を見るための切り口の一つでしかないと僕は思ってる。

本は、常に、届く保証のない手紙だ。この本が手紙のようにあなたの心に届き、あなたが僕と同時代の人ならば、相互に影響を与え、化学反応を起こすという喜びを味わうためにぜひ会おう。

クリエイターや編集者を目指す人であれば、一緒に作品を生み出そう。作品を生み出すことに興味がない人は、コルクラボという僕が主宰しているコミュニティで語り合おう。同時代に生きる喜びとは、時間を共有することだと僕は考えている。

最後までお付き合い、ありがとう。これだけ本がたくさんある中で、この一冊とあなたの出会いはありがたいことだし、読了するための時間をかけてくれたことに感謝。

Special thanks

◉CONTENTS
平野啓一郎
石川善樹、若新雄純

◉MANGA
小山宙哉

三田紀房

羽賀翔一
X: @hagashoichi
note: note.hagashoichi.com/
一秒
X: @ichibyo3
Instagram: http://ichibyo.com/
note: note.com/ichibyo3/
つのだふむ
X: @tsunoda_fumm
Instagram: @tsunoda.humu
note.tsunodafumm.com/

◉WRITING
井手桂司、角野信彦、代 麻理子、桑原晃弥、杉山忠義

◉SUPPORT
コルクラボ〈観察本プロジェクト〉メンバー
あっこ　ありぺい　あんこ　いでっち　いひがし
うっちゃん　えりん　かじ　カディ　ぐみ　げんげん
けん太　ごんちゃん　さかちゃん　さととも　さやちゃん
さゆ　ジェイ　しばゆみちゃん　ジュリ　しんちゃん
すないぱー　せきとも　その　たーぼ　ダイ　だいすけ
だいまり　ちあき　つぐ　ともや　ばたち　ハマー　はるさー
ひかる　ぴろ　ふうこ　ふく　まっこ　まっちゃん　まりこ
マル　まろん　みき　みなみ　みよ　もも　やす　やっさん
やまかな　おおたゆき　ユシー　ゆっきー　ゆりのん
よへ　りょーすけ

著者略歴

佐渡島庸平（さどしま・ようへい）

株式会社コルク代表取締役社長、編集者。

1979年生まれ。2002年に講談社に入社。モーニング編集部にて、『ドラゴン桜』（三田紀房）、『宇宙兄弟』（小山宙哉）、『空白を満たしなさい』（平野啓一郎）などの編集を担当する。2012年にクリエイターのエージェント会社コルクを創業。著名作家陣とエージェント契約を結び、著作権管理、作品編集、新人作家の発掘・育成、ファンコミュニティの形成・運営、グッズ展開、SNSや電子書籍運用など、クリエイター支援のモデル構築を目指している。著書に『WE ARE LONELY, BUT NOT ALONE. ～現代の孤独と持続可能な経済圏としてのコミュニティ～』（幻冬舎）、『感情は、すぐに脳をジャックする』（学研プラス）など。

観察力《かんさつりょく》を高《たか》める
一流《いちりゅう》のクリエイターは世界《せかい》をどう見《み》ているのか

2024年12月25日　初版第1刷発行

著　者　佐渡島庸平《さどしまようへい》
発行者　出井貴完
発行所　SBクリエイティブ株式会社
〒105-0001 東京都港区虎ノ門2-2-1
装　丁
本文デザイン　三森健太
D T P　株式会社RUHIA
編集協力　井手桂司、角野信彦、代 麻里子、桑原晃弥、杉山忠義
制作協力　羽賀翔一、つのだふむ、一秒、コルク
編集担当　吉田 凪
印刷・製本　中央精版印刷株式会社

本書をお読みになったご意見・ご感想を
下記URL、またはQRコードよりお寄せください。

https://isbn2.sbcr.jp/27782/

ISBN 978-4-8156-2778-2